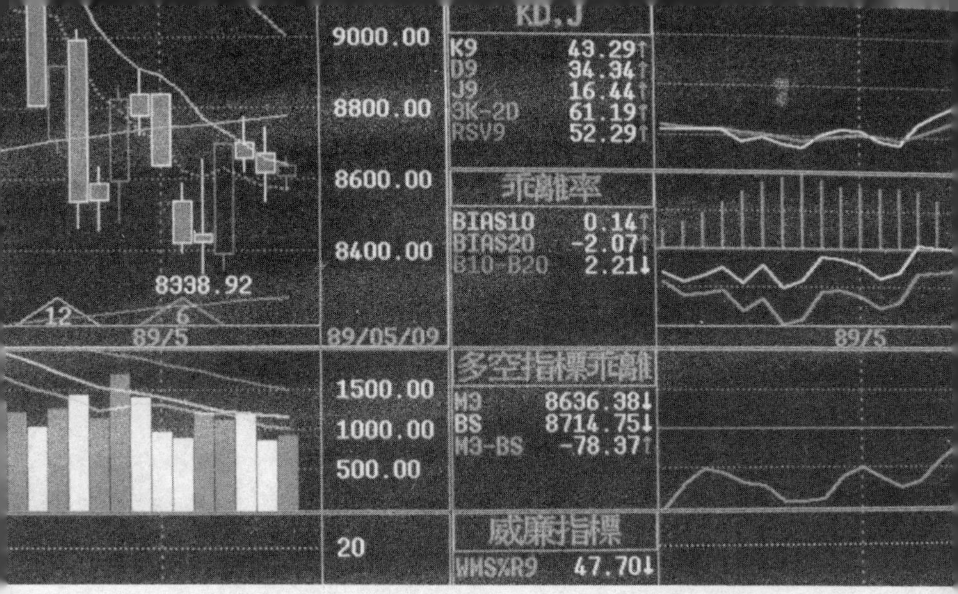

轻轻松松赚进5000万

终生投资致富指南

12个策略及终生受用的投资要诀

(香港)薛亚琴◎著

图书在版编目(CIP)数据
轻轻松松赚进 5000 万 / 薛亚瑟著. —北京：地震出版社，2013.3
ISBN 978-7-5028-4071-6
Ⅰ.①轻… Ⅱ.①薛… Ⅲ.①私人投资—通俗读物
Ⅳ.①F830.59-49
中国版本图书馆 CIP 数据核字(2012)第 083900 号

地震版 XM2550

著作权合同登记 图字:01-2012-5478
繁体字原版作者:薛亚瑟

轻轻松松赚进 5000 万
(香港)薛亚瑟 著
责任编辑：朱 叶
责任校对：孔景宽

出版发行：地震出版社
北京民族学院南路 9 号 邮编：100081
发行部：68423031 68467993 传真：88421706
门市部：68467991 传真：68467991
总编室：68462709 68423029 传真：68455221
证券图书事业部：68426052 68470332
http://www.dzpress.com.cn
E-mail:zqbj68426052@163.com
经销：全国各地新华书店
印刷：三河市鑫利来印装有限公司

版(印)次：2013 年 3 月第一版 2013 年 3 月第一次印刷
开本：787×1092 1/32
字数：75 千字
印张：4.75
书号：ISBN 978-7-5028-4071-6/F(4749)
定价：20.00 元

代序一

会计师给人的印象往往是严肃又保守，甚至有些“船头惊鬼船尾惊贼”。但薛亚瑟却算是十分另类的会计师。

他读大学时已经投身金融市场大炒特炒，曾经转战过外汇、股票，甚至认股证(窝轮)市场，和同年纪的人相比，他无疑是一位十分进取及早熟的投资者。

本书是作者近二十年来的投资心得及经验的总结。当中提及每一个年龄阶段的投资者，应该采取的策略。如你是较年轻的投资者，本书可以说是你终身的投资致富指南。不想在投资路上走太多冤枉路，本书绝对值得一看再看。

石镜泉

《香港经济日报》副社长兼研究部主管

2007 年 9 月

代序二

在某次机缘巧合之下，认识了本书的作者薛亚瑟。他虽然并非证监会的持牌人士或者财经名嘴，但作者在股票市场中有极为丰富的实战经验，兼又精通投资理论；更难得的是，他仍然坚持不断地去进修，为自己的投资事业不断增值。这种好学的精神，值得大家学习。

本书不尚空谈学院式的投资理论，从十分有趣的角度，讲解那些实用性比较强的投资方法。所以，不管你是投资新秀还是股场老手，都一定能够从本书中获益。

邝民彬

凯基证券营运总裁

2007年9月

自 序

最初的时候，我曾想把书名定为《一个小投资者的血泪史》。

在过去的18年来，我经历了多次惊心动魄的股灾，又经历过外汇市场中无数次的滔天巨浪。有过在股市赔掉大半份身家，也有过在短短1年内赚取达3倍以上的回报。

如何能够在波涛汹涌的现代金融市场中幸存，并且获取厚利，是我一直努力追寻的答案。

到了今天，我终于明白知道投资成功的方法，原来是如此的简单，只不过绝大多数的人，都没有留意，或者是让身边的致富机会轻易的溜走。

最后，我十分感谢石老师及Ben哥为本书写序，当然也要多谢我父母及太太一直以来对我在投资路上的全力支持。

薛亚瑟

2007年9月

目　录

第 1 章

你 16 岁前要学懂的投资方法

"功崇唯志，业广唯勤。"

——《尚书·周官》

1.1 投资是一门人人都要懂的学问

在 21 世纪的今天，投资无疑是一门无论任何年纪、任何职业、任何性别都要好好学懂的学问。

投资这一门学问，不仅可以影响你自己的下半生，甚至会影响你下一代的生活质量。试想，如果时光可以倒流，回到 1990 年，你能在 4 元水平买入汇丰(0005)，在 19 元买入长江实业(0001)或者在 13 元买入和黄(0013)。这三只大蓝筹，不只家喻户晓，甚至股龄少于一年的新丁都懂得去买，在过去的 16 年间，分别升值 6.15 倍至 26.8 倍不等，这还未计算历年派发的股息。换句话说，1990 年的 100 万元，到了 2006 年 12 月 31 日就会变成 615 万元，甚至 2680 万元，就看你买入的是汇丰，还是和黄！

试想拥有此笔财富，你是否可以过完全不同的生活？你可以提早退休，或者提早送子女到外国的名牌大学读书。

最重要的因素是时间

投资这一门学问，愈早开始钻研愈好，所以美国股神巴菲特早在 1941 年(当时他年仅 11 岁的时候)，已经学懂买入他人生中的第一只股票——城市服务优先股(Cities Service Preferred)，为他的伟大投资事业打下了坚实的基础。

投资这一门学问，愈多资金投入，就愈能做到长线投资以捕捉大型升浪。所以地产巨子凭着 500 亿元的雄厚资金，摇身一变就可以成为亚洲股神。

投资这一门学问，与你的学历没有必然关系，多进修几个学位也无法令你精通投资之道。所以就算是牛顿这位才华横溢的科学巨人，也在 1720 年英国的南海公司泡沫中损失惨重，他慨叹：“我可以计算出天体运行的轨迹，却估不准人们疯狂的行径。”

投资这一门学问，更加与你的职位高低无关。所以无论你是年薪百万的高级行政人员，还是普通小职员，只要你能做到本书提到的三个条件，你也可以轻轻松松赚进 5000 万：

(1)每年实质回报率达到 13.6%～22.3%，视年龄而定。

(2)有一笔首次(及/或)投入的小额资金(其实首年只需 12000 元)。

(3)每年投入少量的定额资金(其实只需 12000 元起，即每月 1000 元)。

现在就开始向 5000 万进发!

1.2 投资前必须要问的三个问题

当你决定要投资时，你必须要问三个问题，并找出最适合自己的答案:

• 投资什么(What)?

• 怎样投资(How)?

• 何时投资(When)?

问题 1：投资什么(What to invest)

在决定“投资什么”之前，我们要先明白“什么是投资”。在现代金融市场中，金融工具种类之多，产品之复杂令人眼花缭乱，加上众多衍生工具/票据；另外再加上其他投资工具，例如红酒、油画、古董、普洱茶等，投资的范围可谓十分广阔。不过，投资最基本及最重要的概念是放弃现在 / 眼前的消费，换取将来的回报。根据这个概念，投资便容易理解得多。投资必然受到两个因素影响：时间及回报率(或称为利率(Interest) / 贴现率(Discount Rate))。这样一来，那些有时间值损耗的金融工具，便不应称为投资。所以各位在投资之前，可以先把下列工具剔除作为“投资什么”的考虑：

- 认股证
- 牛熊证
- 期指
- 期权

但我要补充一点，以上四种金融工具，不能单独作为“投资工具”，但却可以作为“对冲”风险的工具。

运用衍生工具，你需要精确的计算和执行力，包括止损和止盈的勇气，绝对谈不上轻松。所以根据本书的宗旨“投资什么”，其实可以把范围收窄至下列几种工具：

- 股票
- 债券
- 货币，包括黄金
- 基金

我在本书往后的每个章节中提到的投资方法，都可以在上述四种工具上应用。

问题 2：怎样投资(How to invest)

这个问题十分简单，只用一句话便可讲完：“高抛低吸”。

但问题是何谓高抛何谓低吸为什么众多的投资者都是反其道而行：“见高追货，见低抛售”？要达到轻松赚进 5000 万的境界，你首先需要掌握投资工具的价格，何谓高抛何谓低吸第二步，才能决定买还是卖。正因为如此，现代投资市场便产生各种各样的分析工具，以及投资方法 / 策略 / 理论。其实归根到底只不过是用来解答“怎样投资”这个问题罢了。

现行两大投资分析流派，便是大家经常听到的技术分析派和基本分析派，在本书接下来的章节中会再做讨论。

问题 3：何时投资(When to invest)

如果你能找出前两个问题的答案(即是最适合自己

情况的答案)，“何时投资”这个问题也会变成十分简单——答案是“愈早愈好”!

正如本章一开始便说：“投资学上最重要的因素是时间。”还记得投资的基本概念是“放弃眼前消费，换取未来的回报”吗？所以时间愈长，所希望得到的回报亦愈大，这是我们所谓的“复利”威力。

“复利”虽然威力惊人，但却有一个必须的先决条件，就是回报在正数的情况下才能产生威力。所以价值投资大师格雷厄姆(Benjamin Graham)有一名句：“投资第一个原则是永远不要亏本；第二个原则是永远遵守第一个原则。”因为投资上任何的亏损，都会令复利的威力大打折扣，而这也解释了为何金融市场上有如此多大型基金，动用大量资金进行套利交易(Arbitrage)，目的便是要避免亏损。

1.3 投资致富的真相

当你明白复利对投资的重要性后，现在让我告诉你以下两个关于投资致富的真相，而且我相信你的投资顾问一定不会告诉你。

投资致富的真相 1：时间！时间！时间！

投资学上最重要的因素是时间，其次才是回报率。投资年期愈长，由于复利的威力，滚存的利润就会以几何级数上升，大家可以先看下面两个表(表 1.1 和表 1.2)：

表 1.1　投资者 A

年期	本金	回报率	每年回报	本利和
1	12000	19%	2280.00	14280
2	14280	19%	2713.20	16993
3	16993	19%	3228.71	20222
4	20222	19%	3842.16	24064
5	24064	19%	4572.17	28636
6	28636	19%	5440.89	34077
7	34077	19%	6474.65	40552
8	40552	19%	7704.84	48257
9	48257	19%	9168.76	57425
10	57425	19%	10910.82	68336

表 1.2　投资者 B

年期	本金	回报率	每年回报	本利和
1～9 年	12000	9%	1080.00	26063
10	26063	9%	2345.64	28408
11	28408	9%	2556.75	30965
12	30965	9%	2786.86	33752
13	33752	9%	3037.68	36790
14	36790	9%	3311.07	40101
15	40101	9%	3609.07	43710
16	43710	9%	3933.88	47644
17	47644	9%	4287.93	51932
18	51932	9%	4673.84	56605
19	56605	9%	5094.49	61700
20	61700	9%	5552.99	67253
21	67253	9%	6052.76	73306

从上面的两个表可见，投资者 A 在 10 年内，每年的投资回报率达到 19%，最初的 12000 元本金在 10 年后，便增长了 5.66 倍，达到 68000 多元。至于投资者 B，虽然每年的投资回报只有 9%，但由于投资年期长达 21 年，最后他的投资组合增长了 6.1 倍，达 73306 元，就是说经过 21 年的时间，投资者 B 以每年 9%复式回报率后来居上，跑赢投资者 A 的 19%复式回报率。

以上的例子说明了一个投资的真相：只要你的投资年期够长，而且投资组合能做到长期让利润滚存，就绝对会有正回报，就算回报率不算突出(平均只有 9%)，假以时日仍有可观的资本增长。也就是说，你根本不需要支付高昂的佣金予别人去设计一些高回报的投资组合，或者分散投资到高风险高回报的新兴市场，以求提高整体回报，你只需要做的是:“让利润有足够的时间滚存”。

永远记着这个投资真相:“时间是你投资上最好的朋友”。

投资致富的真相 2: 分散投资不如审时度势

分散投资(Diversification)是投资学的重要概念，所以无论你告诉你的财务顾问，你心目中的投资年期是 5 年、10 年还是 30 年，他们都会回答你，为了达到分散投资风险的目的你必须同时又持有债券，又持有股票，最好再加入黄金等商品，这样你的组合便平衡及稳健了。但事实的真相是：“你的投资回报被拉低了”。为什么呢？

由于债券是定息的工具，传统上债券的风险低于股票(垃圾债券除外)，而且债券价格的走势和股票并不一致，所以既持有债券，又持有股票的组合，虽然可以分散投资的风险，但你也需要付出额外的成本，例如行政费及认购费去达到分散投资的效果。又例如，你的财务顾问会定期为你分析不同地区的投资环境及前景展望，因比你也要向他支付佣金，作为向你提供专业服务的报酬。在七除八扣后，投资回报便更加低了。

所以要投资致富，与其只求分散投资风险，不如审时度势，在不同的投资市场知所进退，以增加投资的回报。永远记着投资的目的是为了累积财富，并不是为了分散风险。

通过分散投资，虽然降低了投资组合的风险，但其实对投资组合来说，并不会提高它的回报率，只不过是把投资组合回报率的波动性(Volatility)拉低了，也就是说把回报率平均化，减少了出现今年赚钱、明年亏损的情况。

大家可以看一看以下的表 1.3 和表 1.4，便会明白我的意思。

表 1.3　投资者 C 四年总回报 30%

年份	定期存款的回报	占组合比例	按比例回报	股票的回报	占组合比例	按比例回报	总回报
1997	5%	50%	2.5%	30%	50%	15%	17.5%
1998	10%	50%	5.0%	-30%	50%	-15%	-10.0%
1999	10%	50%	5.0%	10%	50%	5%	10.0%
2000	5%	50%	2.5%	20%	50%	10%	12.5%

表 1.4 投资者 D 四年总回报 70%

年份	定期存款的回报	占组合比例	按比例回报	股票的回报	占组合比例	按比例回报	总回报
1997	5%	0%	0.0%	30%	100%	30%	30.0%
1998	10%	100%	10.0%	-30%	0%	0%	10.0%
1999	10%	50%	5.0%	10%	50%	5%	10.0%
2000	5%	0%	0.0%	20%	100%	20%	20.0%

我们假设从 1997～2000 年，投资者 C 的投资总回报是 30%。由于投资者 C 采用了分散投资的方法，一直同时持有定息工具(例如定期存款或债券)及股票(各占 50%)，所以在 1998 年的大跌市中，他的组合只亏损了 10%，大大跑赢大市逾三成的跌幅。

至于投资者 D，他没有采用分散投资，但他在 1998 年的大跌市发生前全身而退，把所有资金都放到定息工具，到了 2000 年的升市，他又把所有资金投入股市，博取高达 20%的回报，结果四年来，投资者 D 的总回报是 70%，远胜投资者 C 的 30%。

从以上的例子可以看出，提高投资组合回报的方法是靠审时度势。即是 CorrectTiming，在合适的时间买卖及进出不同的市场，寻找合适的投资机会，而不是靠同一时间持有股票，又持有债券、基金及贵金属等不同的资产。

轻轻松松赚进 5000 万

所以投资者 D 的致富真相是："审时度势胜于分散投资"。这也是你的投资顾问不会告诉你的真相。

1.4 怎样才能赚到 5000 万

在结束本章之前，让我返回本书的最基本问题：到底怎样才能在 65 岁退休前，赚到 5000 万？答案可以参考下面的策略 1。

策略 1

(1)先投入 12000 元作为本金。

(2)每年投资回报，平均达到 13.685%。

(3)投资年期达 65 年。

如果你按从 1 岁开始，以 12000 元作为本金，并以复利 13.685%去滚存，经过 65 年，这小小的 12000 元，居然可以变成 50105690 元！就是说 65 年的投资总回报是 4165 倍，而且中间完全不需要额外投入任何资金。

这对作为父母的你有极重要的启示，原来你完全可以很轻松地帮助你的孩子致富。你只需要在孩子一出生时，把一笔 12000 元的资金，替你的孩子买入年回报平均有 13.685%的资产。你小小的付出，就可以让你的孩子在退休时，能够有一笔意外的大财富。你甚至可以不必告诉他有这笔钱的存在，让你的孩子在一生拼搏后，可以安享晚年。

如果你认为 65 年的投资年期实在太长，那么有没有其他的方法去达到 5000 万的目标？方法仍然是有的，请看下面的策略 2。

策略 2

假如有位年轻人在 16 岁的时候，能做到下列四点：

(1)投入 12000 元作为本金。

(2)每年的投资回报，平均达到 13.685%。

(3)从第二年起，每年额外投入 12000 元(即每月 1000 元)。

(4)投资年期为 49 年。

那么到了 65 岁，这位年轻人便能获得 53368413 元！由于他在过去的 49 年来共投入 588000 元，他的投资总回报是 90.76 倍。

这个投资方法需要投入首笔资金 12000 元，每月投入 1000 元，对很多 16 岁的年轻人来说，可能未必有能力做到，但作为孩子的父母，你可以帮助年幼的子女投入这些资金，并尽早为他们建立一个投资组合。方法是尽量减少一些不必要的支出，例如购买一对新款的限量版球鞋，或者一部时尚款手机给你的子女，省下来的金钱，便可以开始投资计划。

作为父母，你有责任教导你的子女尽量减少不必要的开支，尽早建立自己的投资组合。这小小的一步，却能改变孩子的一生。

笔者一直强调“时间是你投资旅途上最好的朋友”。从以上两个例子可以清楚看到只不过缩短了 16 年的投资时间，两者投资回报的差距是 90 倍比 4000 多倍之巨！

因此，无论是中国的古语“一寸光阴一寸金”；还是美国股神巴菲特某次拾起地上的 1 美元时曾说的“这是下一个 10 亿元的开始”，当中都蕴藏投资的道理。

第 2 章

你 18 岁后要学懂的投资方法

“生命中没有什么值得害怕，你只需要了解它。”

——居里夫人

2.1 投资者在 18 岁采取的两个策略

上一章提到的投资法可以令 16 岁以下的年轻人轻松地达成 5000 万的退休目标。但对于已经超过 16 岁的你，又是否表示与 5000 万无缘？不用失望，其实你仍然有两个可行的策略可以赚取 5000 万。

策略 1

(1) 首先你需要在 18 岁之时，投入 12000 元作为本金。

(2) 每年的投资回报，平均要达到 19%。

(3) 投资年期为 47 年。

这个方法大致上和第一章提供的策略 1 相同，但由于距离 65 岁退休的年期降低到只有 47 年，投资年期也相应缩减。运用这个策略 1，除了在 18 岁的时候需要你投入本金 12000 元外，期间你并不需要额外投入任向资金，但这个方法对投资回报率的要求便要相应提高至每年平均 19%。

如果 18 岁的你能达到以上三点要求，你的 12000 元首期资金，经过 47 年复利的滚存，亦会变成 50749924 元，累计升幅是相当惊人的 4229 倍！不单如此，你会发现总投资回报比上一章的策略 1 所提到的 4175 倍更高，原因是策略 1 要求的回报率较高，达到平均每年 19%。

策略 2

(1)假设你在 18 岁之时，投入 12000 元作为首期本金。

(2)每年的投资回报，平均达到 19%。

(3)从第二年起，每年额外再投入 12000 元(即每月 1000 元)。

(4)投资年期为 37 年。

采用这个方法对于仍是 18 岁年轻人的你来说，所需要的投资年期更短，只需 37 年便足够了。和上述的策略 1 有所不同的是，除了首次本金 12000 元外，你每年需要额外再投入 12000 元的资金，这个策略 2 对投资回报的要求同样是每年平均 19%。

如果能够成功做到上述策略 2 的四个要点，你的

12000 元首期资金及每年额外的 12000 元，经过 37 年复利的滚存，总回报就会变成 55740897 元！由于采用了策略 2，你的总投入资金是 456000 元，所以累计升幅就没有策略 1 那么惊人，只不过是区区的 122.24 倍。但策略 2 的总投资回报，比起上一章的策略 1 所达到的 90.76 倍增幅，仍然高出 34.68% 这也是拜策略 2 的平均回报率达 19%所赐。

2.2 回报率 13.865%和 19%

为什么我如此重视这两个回报率：13.865%和 19%？因为回报率是除了投资年期以外，另一个决定你能否在 65 岁之时，达成拥有 5000 万退休金的关键。可能你认为每年 13.865%和 19%的回报率，也不是什么太了不起的事情，因为单是 2006 年恒指的升幅都已经超过三成，更遑论中国 A 股在 2006 年大升 1.3 倍呢？但投资市场的现实又是否经常有如 2006 年如此美好？请先看看下面的表 2.1，这是根据恒生指数的历史数据，在不同的时间及空间，计算出来的平均回报率。

表 2.1　根据恒生指数历史数据计算的平均回报率

年份	买入水平	持有年期	平均每年增长率
1967	100	39	14.64%
1982	676	24	15.30%
1987	1973	19	13.13%
1998	8800	8	11.21%
2007 年 1 月	20600	n/a	n/a

为了方便解说，我们先假设市场上有某一个股票组合或某一只单一股票，它与恒生指数的啤打系数*是 1，就是说与恒指完全同步。我们姑且称之为“组合 A”。

如果你从 1967 年的 100 点开始投入 12000 元，买入“组合 A”，并一直持有该股票组合到 2007 年初，恒指高见 20600 点，经过了漫长的 39 年，“组合 A”的每年平均回报率是 14.64%，就是说平均回报率高于我在上一章所提到的策略 1 及策略 2 所要求的 13.865%。

即使假设你未能在 1967 年入市，如果你能把握另外一个黄金的买入机会，当恒生指数在 1982 年跌至低

* 啤打系数：量度股票系统性风险(Systematic risk)的指标，显示该股受大市影响的程度。假设恒指的啤打系数为 1，即股价波幅大于恒指：如该股的啤打系数低于 1，即股价波幅小于恒指：若该股的啤打系数等于 1，即股价升跌与大市相同。

位 676 点时，投入 12000 元买入“组合 A”，并一直持有该股票组合到 2007 年初，经历了 24 年，该组合的每年平均回报更高达 15.3%。甚至高于 1967 年就开始投资的平均回报率。这也从另一角度印证了香港经济从 1982 年开始，步入最辉煌的时候。

但如果你的投资计划只不过推迟了 5 年到 1987 年，或甚至迟至 1998 年才入市买入“组合 A”，并且十分有耐性地一直持有至今，对不起！事实上你已经目光如炬，并把握了恒指跌至谷底的入市机会，可惜你仍然未能达到策略 1 及策略 2 对每年平均回报率的要求。因为从 1987 年或 1998 年至今，如果只是买入并一直持有“组合 A”，你得到的每年平均回报率分别只是 13.13%或 11.21%，就是说低于第一章策略 1 及策略 2 所要求的 13.865%，更不用说要达到本章策略 1 及策略 2 所要求的 19%了！

2.3 另外一个投资的真相

从上述的例子可以看到，要达到 5000 万的目标，实际上并不是一件容易的事情。

除非你能 100%肯定，在往后的 30～40 年，恒生指数的成分股能一直保持像 1967 年或 1982 年至今的高速增长率；又或者你能够增加首次投入的资金，并且能每年定期投入多于 12000 元的资金，否则单靠“买入及持有”与大市同步的股票组合，即使长达几十年，也未必能达到 5000 万的目标。

所以笔者要告诉你的另外一个投资真相是:“与其买入及持有与恒指完全同步的股票，不如马上钻研投资的技巧，务求超越指数。”

唯有超越指数，你才可以依照以上的两个投资策略，以求用少量的首期或定期投入资金，去达成 5000 万的目标。

所谓的投资技巧，通常可再划分为技术分析及基本分析两大主流。

2.4 技术分析的起源

关于技术分析的起源，大多数人认为是源自查理道氏(Charles Dow)从 1890 年开始在著名的《华尔街日报》上发表的专栏文章。其实道氏本人并没有著书立说去讲解什么是道氏理论，但他把股市的主要趋势(Primary Trends)划分为牛市及熊市，并再把牛市及熊市划分为三期。这套理论 100 年来一直广为流传及为世人所接受，现已成为技术分析的基石。

道氏往后，下列几位人物对技术分析的发展，也做出过不同程度的贡献:

(1)汉密斯顿(William Hamilton)——他首次把道氏的文章集结成书，书名为《股市晴雨表》(The stock market Barometer)。

(2)雷亚(Robert Rhea)——他著有《道氏理论》(Dow Theory)一书，书中首次提及道氏理论，并建立了波浪理论之基础。

(3)艾略特(R.N.Elliott)——根据雷亚的理论再发展，创出脍炙人口的波浪理论(Wavetheory)。

(4)马吉(JohnMagee)——在 1948 年发表《Technical Analysis of Stock Trends》一书，进一步把技术分析系统化。

技术分析派流传一句名言:“一图抵万金。”但画几条支撑及阻力线，是否就等于找到了一条发达之路?经过多年来在外汇及股票市场上的实战，经验告诉我，投资如果单纯靠技术分析或只看图表，除了极少数的传奇人物之外（例如 20 世纪 30 年代的大作手：江恩（William Delbert Gann）），大部分人实在难以单凭看图而走上致富之路。最主要的原因是图表容易产生走势陷阱，而且预测走势，难免加入主观的情绪或意愿，投资者如果只靠看图表做买卖，总会挂一漏万，误堕走势陷阱以致蒙受损失。

2.5 为什么要学习技术分析

技术走势派一直坚持技术分析可信，并认为能够帮助投资者做出正确的买卖决策。总结下来，“技术分析有效论”是建基于下列两个论点：

(1)历史不断重复，太阳底下无新事，投资市场也会像潮涨潮退般有一定的上落规律。又好像中国的六十甲子，虽然组合成 60 个不同的天干地支，但每隔 60 年便会不断顺序重复出现。股票价格的走势虽然在不同的时间空间上，但仍会跟从某些规律，重复以往的走势。

(2)市场反映信息，所有投资者的买卖活动，都是基于一些信息而做出决策，而这些信息便会在图表上留下标记。只要分析这些标记，便可以在下次相同的标记出现时，预测股价的方向，特别是比较长线的图表，如月线图/周线图，一般都可以画出一些趋势。

除了以上这两个论点，经过我多年在投资市场的实战经验，我发觉技术分析真正有用的地方，其实可以另外归纳为下列两点:

(1)作为沟通工具:坊间的财经名人、股评家最爱用财经术语去评论股市市况。当中大多数会用上技术分析的名词，如果你完全不懂技术分析，听到别人说移动平均线、相对强弱指数、裂口高开等，难免摸不着头脑，更别说做到独立分析，甚至找出股评人错处及立据单薄的地方。

(2)运用相反理论:技术分析可以帮助投资者运用相反理论。虽然很多人都听过相反理论，但真正能做到“人弃我取”境界的投资高手，却为数甚少。但多数超级富翁级人物，却都是个中高手。例如 20 世纪美国的石油大亨 Jean Paul GettySr. 在《How toberich》一书中，就曾经提到他其中一个致富秘诀就是：“在别人沽货时买进。”(I buy when other people are selling)至于技术分析中的动向指标，例如 RSI、STC 及 MACD，则是一些有助判断市场是否过热的工具。

2.6 常见技术分析工具

技术分析的范围甚广，笔者无意再花大量篇幅逐一介绍每种技术分析方法，而且市面上早有大量的技术分析书籍可以参考。例如 John Murphy 的几本技术分析书，包括：《Technical Analysis of the Financial Market》、《The Visual Investor》以及《Intermarket Technical Analysis》等；中文书籍则暂以林瑞芬的《技术分析全攻略》较为全面及实用。

那么技术分析如何帮助投资者做出买卖策略？笔者列举下列三个常见的应用例子：

技术买卖策略 1：趋势通道内买卖

简介：趋势通道可分为上升及下跌通道，具体例子可参考下列思捷环球(0330)的股价日线图(图 2.1)。

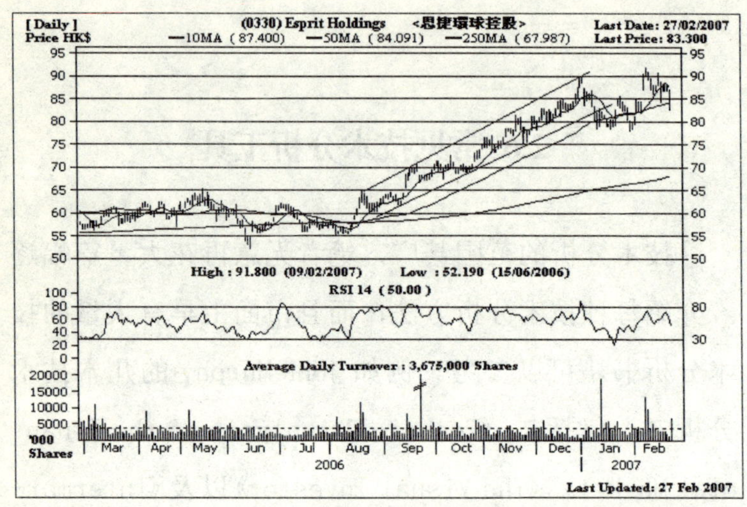

图 2.1 思捷环球股日线图

从图 2.1 我们可以看到，思捷环球的股价从 2006 年 8 月份开始形成一条上升通道，经过 4 个月的运行，从 65 元开始，股价每升到通道顶部位置便回落，每次下跌至通道底部，都见反弹再升。如此的走势一直运行至 90 元才见顶，股价然后回落并跌穿通道底部，低见 79 元水平。

运用趋势通道的买卖策略如下：

(1)升近通道顶部的时候沽出。

(2)等待股价回落至通道底部附近买入。

(3)如见跌破底部宜止损离场。

(4)如见突破通道顶部宜小注追入。

实用性：高。趋势通道简单明了，不需要复杂运算，而且经常可以在股价图上见到。无论日线、月线、周线图都可以加以应用，所以实用性很高。

缺点：趋势通道一旦被突破，无论向上还是向下，投资者都要面对更大的追沽或追貅的风险。因为就算走势是向上突破通道顶，在技术上虽表示可以高追，但高位追货，投资者的风险亦无可避免地扩大。

如果走势是向下突破，即跌穿通道底，在技术上宜止损。但如果投资者参考了图 2.1 的走势，在 82 元沽出思捷环球止损后，假设一直没有再补货，就只能白白看着思捷环球在不足一个月内再创 91 元的新高。投资者虽然严守了纪律，但账面上确实损失不小。

技术买卖策略 2：移动平均线买卖法

简介：如果要数现时最常见的技术分析工具，移动平均线(Moving Averages)必定入选三甲，因为本地股评人最喜欢用移动平均线去形容市况或做出一些买卖建议。例如："股价升破 10 天线，属利好现象，可以追入……"又例如："股价跌至接近 20 天线，可以博反弹……"等。类似的股评，每日都有机会看到听到。

一般来说，10 天、20 天及 50 天平均线为最经常被市场人士所使用的平均线，因为它们代表了股价的中短期走势，对短线炒卖比较重要；至于 100 天、200 天及 250 天平均线，则多用做判断长线走势，其中 250 天平均线又称牛熊分界线，所以最为市场人士所重视。一般相信股价或指数经过一段时间的持续下跌后，如果跌低于 250 天平均线，代表股市确定已步入熊市。

反之，如果股价或指数在大跌市后，经过一段时间在低位徘徊，然后反复上升，并升穿 250 天平均线，市场人士便会认为是牛市重临的证明。

至于现时较流行的移动平均线买卖策略，便是所谓“双线合并使用法”，也就是说运用两条或以上的移动平均线的交叉点作为买卖的信号，至于使用哪两条平均线最为适合，众说纷纭，人言人殊，有专家认为使用 2 天及 19 天线比较准确，也有技术分析师认为运用 10 天、20 天及 50 天线的三线组合比较全面。

无论是两线 / 三线相交，都会产生两个不同的买卖信号，分别是：

利好的买入信号——黄金交叉

如果两条移动平均线都有向上的趋势，并且出现快线(较少日数的平均线，一般指 10 天线)上破慢线(较多日数的平均线，一般指 20 天线或 50 天线)，都是短期看升的信号，代表这只股票大有“钱途”可以把握“淘金”的机会。具体的例子可参考下面图 2.2 港交所(0388)的股价周线图。

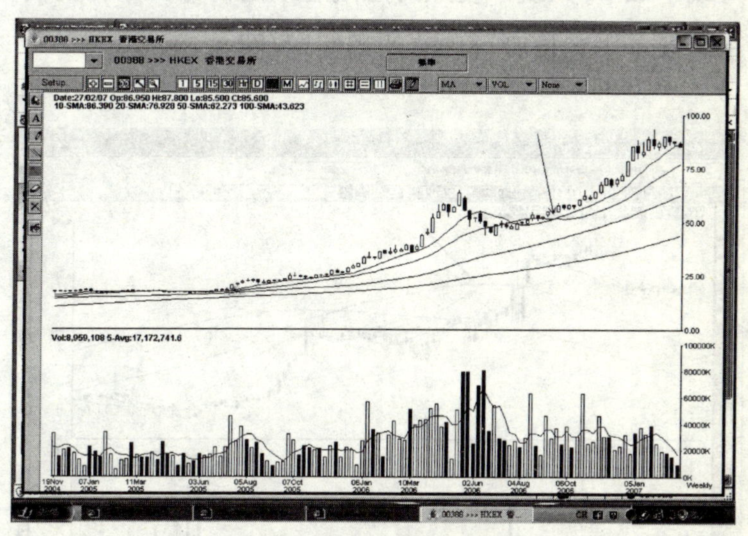

图 2.2　港交所股价周线图

从图 2.2 可见，港交所在 2006 年的 10 月初便出现了黄金交叉的买入信号。即 10 周在线破 20 周线，也就是图中箭头所在。而事实上，出现了黄金交叉的买入信号后，港交所的股价表现，亦在短短三个月内从 52/53 元，大幅上升至逾 80 元！

利淡的卖出信号——死亡交叉

相反，如果两条移动平均线都有向下的趋势，并且出现快线下破慢线，例如 10 天线跌破 20 天线或 20 天线下破 50 天线，便成为短期看跌的信号。具体的例子可参考中意控股(1198)的周线图(图 2.3)。

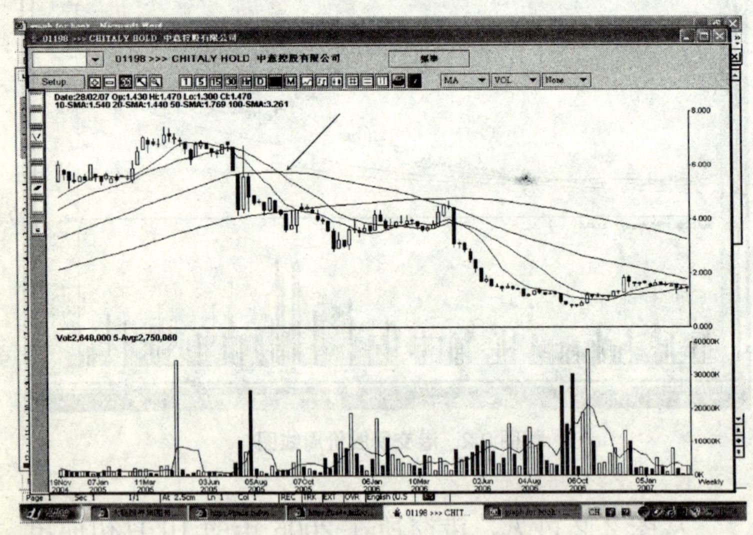

图 2.3 中意控股股价周线图

从图 2.3 可见，中意控股在 2005 年的 9 月出现了死亡交叉的利淡信号，也就是 20 周线下破 50 周线，就是图 2.3 的箭头所在。而事实上，出现了死亡交叉的卖出信号后，中意控股的股价表现亦从信号出现时的 4 元附近，一直反复下跌至低于 2 元。

实用性：高。就像趋势通道，移动平均线的实用性甚高，“双线合并使用法”经常可以在股价图上观察到。无论是日线、月线或周线图都可以加以运用。

缺点：移动平均线的最大缺点是它的滞后性，就是说股价往往已经上升或者下跌一段时间，才会出现买卖信号。所以无论是黄金交叉或者死亡交叉，当你在图表上能观察到的时候，其实已经升或跌了一大段价位。例如图 2.3 中意控股的跌势，其实早在 2005 年的 7 月在股价跌破 6 元时已经出现，但死亡交叉的卖出信号却迟至同年 9 月才出现。如果投资者单靠移动平均线出现交叉才采取行动，便会白白错过 6 元以上的出货机会了。

技术买卖策略 3：RSI 买卖法

简介：RSI（相对强弱指数）的全写是 Relative

Strength Index，面世已经接近 30 年，是最流行、最多投资者运用的技术分析工具之一。

RSI 是利用公式的计算，在某一时段内，有关股票 / 指数的平均收市涨数或跌数，而分析市场看好或看淡双方的力量，并做出后市的趋势预测。

RSI 和移动平均线刚好相反，它是一个领先指标，目的是要找出股价的短线趋势，市场人士比较经常采用的 RSI 天数是 9 天及 14 天，也有技术分析师提出采用 5 天。

至于数值方面，RSI 值在 70 或 80 以上，视股价的波动性而定，算是进入超买区，后市有机会随时调整；相反，RSI 值在 20 或 30 以下，便进入了超卖区，后市有机会随时见底反弹。

至于运用 RSI 的买卖策略，可以参考图 2.4 中移动(0941)的日线图。

(1)RSI 值进入了超买区，表示它的股价正处于强势，备受市场买盘追捧，情况可能持续一段时间，有货者可以继续持货一段时间，但要留心观察股价的走势，并要提高警惕，准备好后市随时会调整或回吐。未有货者，更加要等待股价调整才好伺机入市。例如在图中可见，中移动的股价在 2006 年 6 月底升破 45

元，RSI值更高至90，但股价仍一直企稳在45元以上，其后RSI逐渐下跌，中移动的股价亦小幅回吐至42元，投资者如果在此时入市，便能把握其后的巨大升幅。

(2)RSI值进入了超卖区，表示股价处于弱势，备受市场抛售，并可能持续一段时间，但由于物极必反，后市随时见底反弹，未有货者，可以等待股价在低位跌定，并且已到达吸引水平，才趁低买入。例如在图中可见，中移动的股价在2006年5月底跌破40元，RSI值低至20，其后RSI逐渐回升，股价其后大幅反弹至45元。

(3)运用RSI的买卖策略时，“背离”是另一个重要的技术信号。背离是指股价/指数在上升途中，RSI值虽然仍在70或80的超买区，但并未跟从股价上升，如果背离现象在RSI值的顶部(超买区)出现，称为“顶背离”；相反，如果“背离”现象在RSI值的底部(超卖区)出现，便称为“底背离”。“背离”，现象是表示上升或下跌的动力正在减弱，也就是股价/指数即将转势的信号。

“顶背离”的例子可参考图2.4。中移动的股价在2006年12月至2007年2月期间，两度迫近80元，但 RSI 反见轻微下跌，之后更一度在中国、美国股市大跌的拖累下，急挫至约 70 元。

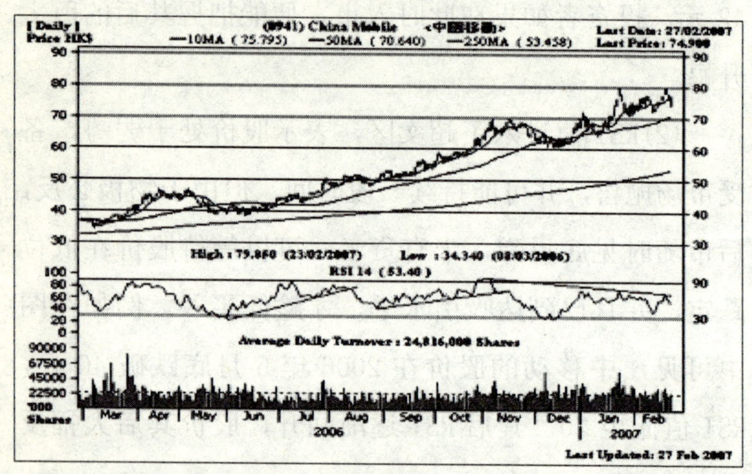

图 2.4　中移动股价日线图

实用性：中至高。在互联网上或报纸财经版的股价图上，可以轻易找到 RSI 的数值，而且应用面广阔，无论是个别股票或指数的日线、月线或周线图都可以加以运用，所以实用性是高。但要留意超买或超卖的信号可能在出现一段时间后，股价才会真正回落或反弹。由于信号不明确，所以实用性大打折扣，只有“中至高”，但“背离”现象的重要性却绝不能轻视。

缺点：RSI 最大的缺点是无论发出超买或超卖的信号，都不能找出股价的趋势，所以经常出现 RSI 超买完再超买的情况，而股价在稍微回落后，又再重踏升途，并高于之前超买信号发出时的价位。例如从图2.4可以看到，中移动的股价在2006年的3月底及2006年7月发出两次RSI达90的严重超买信号，当时中移动的股价只是45元左右，如果根据RSI的超买信号而卖出，又没有补回股票，结果便会错过中移动其后暴升九成至80元的大行情了。

在结束本章前，我必须再次强调，以上的技术分析只是一般最常见、小投资者也能轻松应用的部分，绝非技术分析的全部，而且技术分析易学难精，虽然可以帮助你判断市况，但能否做出正确的买卖决定甚至获取厚利，还要取决于良好的心理质素及资金管理技巧。但我相信如果能好好运用以上三招，做出高抛低吸，投资者仍然可以提升投资组合的每年平均回报率，至达19%。也就是说，现时18岁的你，仍然可以在47年后达成拥有5000万的目标。

第3章

你28岁后要学懂的投资方法

“我们研读得愈多，就愈会发现我们的无知”

——英国诗人雪莱

3.1 投资者在 28 岁采取的两个策略

28 岁的你，正在忙些什么？你最想得到什么？你工作了几年后，正好踏入人生的另一个新阶段，你会开始计划自己创业，也可能想买房子；有些人甚至会开始考虑退休的问题。

要帮助你实现以上的计划，让我们再重新审视赚取 5000 万的投资策略，看看方法是否仍然有效？你仍然有以下个两个策略可以选择。

策略 1

(1) 首先你需要在 28 岁的时候投入 80000 元作为首次的本金。

(2) 你每年的投资回报，平均要达到 19%。

(3) 你的投资年期，可以达到 37 年。

各位可以从上面的方法看到，由于距离 65 岁的退休年龄降低到只有 37 年，投资年期减少了，复利增长的时间也同样减少了。

所以使用策略 1，你便需要在 28 岁的时候，投入比本书前两章所讲较多的本金，即 80000 元。运用这个策略 1，你的投资回报率和本书第二章的相同，即每年平均要达到 19%。

这个策略 1 的优点是：在 37 年的投资年期中，你并不需要额外投入任何资金。

对于已经有几年工作经验的你来说，首年投入 80000 元资本，应该是有能力做到的事情。但如果真的做不到，你可能要仔细分析一下自己每月的开支及收入是否出现入不敷出的情况，是否由于有太多不必要的开支，例如购买过量的名牌衣物或者电玩产品。言归正传，当你投入 80000 元的首期资金后，经过 37 年复利的滚存，你可以想象得到这笔钱会变成多少？

原来你的 80000 元资金，37 年后连本带利已经滚存到 59412048 元！如果你仔细计算一下，你会发现当初的 80000 元，累计升幅已经高达 742.65 倍！

大家可以看到，这个策略 1 仍然是颇为轻松的投资方法，因为你不需要强迫自己定时定额投入资金；但另一方面，这个策略 1 的投资年期长达 37 年，如果你认为 37 年的投资年期实在是太长，你可以采用下列的策略 2。

策略 2

(1) 你同样需要在 28 岁时投入 80000 元作为首期本金。

(2) 你每年的投资回报，仍然要达到平均每年 19%。

(3) 你也需要从第二年起，每年额外再投入 80000 元作定期的投资(即每月约 6600 余元)。

(4) 投资年期缩短为 27 年。

采用这个方法，你的投资年期可以缩短至只需要 27 年，比前述的策略 1，这个策略 2 足足快了 10 年便可以超额达成 5000 万的目标。而两个策略的最大不同之处是资金的额外投入。另一方面，运用这个策略 2，你的投资回报同样要达到每年平均 19%。

只要你能够在 27 年内成功地做到上述策略 2 的要求，你的 80000 元首期资金及每年投入的 80000 元额外资金，经过 27 年复利的滚存，总金额就会变成 54408930 元！假设你决定采用策略 2，你在 27 年内的总投放资金便是 2160000 元，而你的投资组合的累计升幅是 25.19 倍。

大家有没有留意，这两个策略的累计升幅分别是 742.65 倍及 25.19 倍，差别可真大得不得了！大家不要忘记，两者的投资年期只不过是相差 10 年，以百分比计是减少了 27%，但你就需要额外投入 2080000 元，也就是多投入 26 倍资金！

运用策略 2，当然有其轻松之处，就是可以提早 10 年便达成 5000 万的目标，但代价却是要多投入数以倍计的资金。

3.2 为什么仍是 19%

还记得我在上一章提到，恒生指数在过去的 40 年间，在不同的时段，买入并一直持有一个与恒指完全同步的组合，平均的回报率是介于 11.21%～15.3%吗？除了这个基本的回报率之外，再加上上一章提到的技术分析，可以帮助你提高每年的平均回报率，进而大大提升你的投资回报率。只要你的投资成绩能够成功达标，你便可以最快在 27 年内，凭着 80000 元的本金及每年的定额投资，成功滚存到超过 5000 万！

不过你可能会问，如果再多学习一些较为高深的技术分析方法，例如波论理论、江恩市场几何学，再加上投资占星术，以求提升每年的投资回报至高于19%，不是可以更快地达到5000万的目标吗？

在解答这个问题前，让我先引述几位著名投资银行/基金公司的分析员，是如何评价图表/技术分析的：

曾任职 Jardine Fleming Capital Partners 的 Pierre Prentice 如是说：“我从来不看走势图，因为我没有时间看。”

瑞士信贷第一波士顿的 Michael Mauboussin 如是说：“一般的投资者如果拿着走势图去判断价格的方向，只是在浪费时间！”

著名私募基金 Black Rock International Ltd. 的 William Low 如是说：“走势分析不是科学，没有一套独特的方法或体系永远通行。我认为，一般而言，看走势图是在浪费时间，因为当中有许多杂音。”

至于我的看法是：“技术分析虽然有一定用处，但并不是完美的分析方法，更不是唯一的股票分析方法。”

所以，你单凭技术分析方法而希望在往后的二三十年，每年都能达到平均回报率高于19%，实在不是一件容易的事。原因很简单，技术分析往往带有强烈的主观性，而且要靠分析者自己的经验判断才能增加分析的效用。对于投资经验尚浅的年轻人，特别是未曾经历几次股灾的洗礼，投资经验也未能得到升华，可以说是“夏虫不可以语冰”，故未可言勇。

技术分析往往带有主观性，用来做出买卖股票决定，就难免经常碰到，甚至在不知不觉之间跌入了走势陷阱。

什么是走势陷阱

当你根据技术分析工具所发出的信号，或图表上形成的趋势做出买卖，但发觉原先预期的走势没有出现，甚至出现相反走势，我们可称之为“技术分析失效”或“走势陷阱”。

走势陷阱的形成是一些政治经济事件或市场信息突然发生，使投资者的心理或对后市的看法急剧改变，并反映到图表上。

更不幸的是，走势陷阱甚至可以是某些市场人士(庄家大户)为求高位散货或低位收集，布下一些表面利好/利淡的走势，引诱其他不知就里的投资者追入或卖出，以达到震仓或散货的目的。

一个震仓的好例子，可以参看思捷环球(0330)在2007年2月8日的走势日线图(图3.1)。

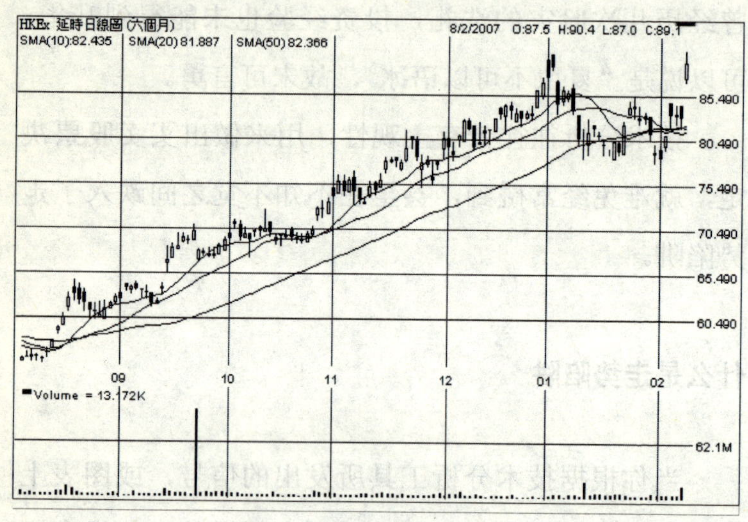

图 3.1 思捷环球股价日线图

从图3.1可见，思捷环球在公布全年业绩前，从在1月3日的高位90元开始反复回落，并明显跌穿从2006年8月形成的上升趋势线，期间更多次穿破50天线，走势疲弱，股价在2月初更低见78元。图中形成低位逐渐下移，受制下降轨兼小双顶的不利走势。

其实大户的真正目的是压价入货，所以营造出84.4～84.8元阻力重重的假象，诱使信心不足者放弃入货或甚至卖出手上存货，即所谓的震仓！

当公布了极佳的中期业绩后，思捷环球的股价在

2 月 8 日裂口高开兼破关而上，大户成功达到震仓的目的。

3.3 投资真相之三：走势陷阱无法避免

可能有些读者会问，在利用技术分析之余，有什么方法可以避开走势陷阱？不少技术分析书籍，都会提出一些方法去避开走势陷阱，例如：

(1)保持警觉。

(2)运用自己最熟悉的技术分析工具。

(3)严守止损。

但我的看法是“以上的方法都不管用”。所以我要告诉你的第三个投资真相是：你无法避免走势陷阱！

技术分析和走势陷阱根本有如一个钱币的两面，有着矛盾但又不可分离的关系。试想当你运用技术分析的时候，你一定是基于相信某些技术指标发出的信号，并根据这些信号做出买卖决定。

当你发现这些买卖信号原来是走势陷阱之后，损失也已经出现，所以就算做出止损，也只能把损失控制在可以接受的范围内，不可能完全避开损失。另外一个情况是，当一个技术指标 / 信号出现走势陷阱，投资者下次如果再使用这个分析工具，难免会担心历史重演，再跌入走势陷阱，于是只好选择避免使用此工具。

但投资者如果对任何曾经出现走势陷阱的技术分析工具都不再使用，那么他很快便会发现，几乎没有什么技术分析工具可以再使用，因为世上任何技术分析工具都有一定的局限性，并会产生走势陷阱！

技术分析最经常被人诟病的地方，便是基于这种本质上的矛盾。

那么对于 28 岁的投资者来说，又有什么其他方法可提升投资回报率？

答案便是要学懂基本分析。

3.4 基本分析是什么

基本分析是一种股票的分析方法，可以说是结合了财务学、会计学和经济学的理论或模型以评估企业的投资价值，并且预测证券(如股票或债券等)价格的走势，从而做出投资、买卖的决定。基本分析的范围可以是一家公司的财务报表上或非财务方面的数据，例如产品需求增长的预测、相同行业及不同企业之间的比较、分析新的经济措施带来的影响，甚至一个国家或地区的人口改变。

大家特别要注意，基本分析和技术分析有着密切的关系：长线而言，两种方法是兼容、一致的；但短线而言，两种方法却经常会出现相对、甚至相反的现象。

我们说基本分析和技术分析是兼容 / 一致的，原因是基本分析在研究股票的价值时，会使用公司本身的数据及市场以外的经济因素来做预测。一只基本因素良好的股票，即表示公司的盈利会持续增长，并有高的派息率，并且负债不高。这种公司在长线的技术走势都会形成反复向上之势，所以无论是基本分析或技术分析得出的结论都是一致的：就是买入这只股票。

但基本分析和技术分析也有相对 / 相反的时候，就是说基本因素极差的股份，股价却反复上升。但必须注意，这种现象往往会在一些投机味极浓的股票中出现，特别是这类股票的中短线股价走势。见到这些基本因素乏善足陈的股份，狂升几倍、甚至几十倍，往往令众多股民失去理智，炒得如痴如醉。如果这种情况持续并且扩散至其他众多基本因素都欠佳的股份，它们纷纷出现这种基本分析和技术分析相对／相反的情况，便极有可能是股市大跌或步入熊市的先兆！

大家可以看一看下面的一个实例，就会明白为什么基本分析和技术分析兼容／一致，但又会相反／相对(表 3.1 及图 3.2)了。

表 3.1　奥玛仕(0959)2004～2006 年的盈利数据

	HKD$(千元) 2006 年	变　动	HKD$(千元) 2005 年	HKD$(千元) 2004 年
营业额	81035	-19.882%	101144	92830
经营溢利／(亏损)	(67160)	–	(46147)	(10631)
特殊项目	178800	–	0	0
摊占联营公司及共同控制公司溢利／(亏损)	1302	–	0	0
税前溢利／(亏损)	112942	–	(46147)	(10631)
税项	0	–	0	0
少数股东权益	0	–	0	0
股东应占溢利／(亏损)	112942	–	(46147)	(10631)
净利息收入／(支出)	(2060)	–	(1717)	(1091)
折旧与摊销	41146	17.742%	34946	5415
董事酬金	–	–	5642	5795
每股盈利／(亏损(仙)	3.010	–	(9.070)	(8.840)
每股派息(仙)	0.000	–	0.000	0.000
派息比率(%)	0.000%	–	–	–

续表

	HKD$(千元) 2006年	变 动	HKD$(千元) 2005年	HKD$(千元) 2004年
每股账面资产净值($)	–	–	0.507	0.957
主要财务比率				
经营边际利润率(%)	-82.878%		-45.625%	-11.452%
利息盈利率(x)	55.641		–	–
资产回报率(%)	5.633%		-5.707%	-5.914%
股东资金回报率(%)	7.216%		-6.199%	-8.466%

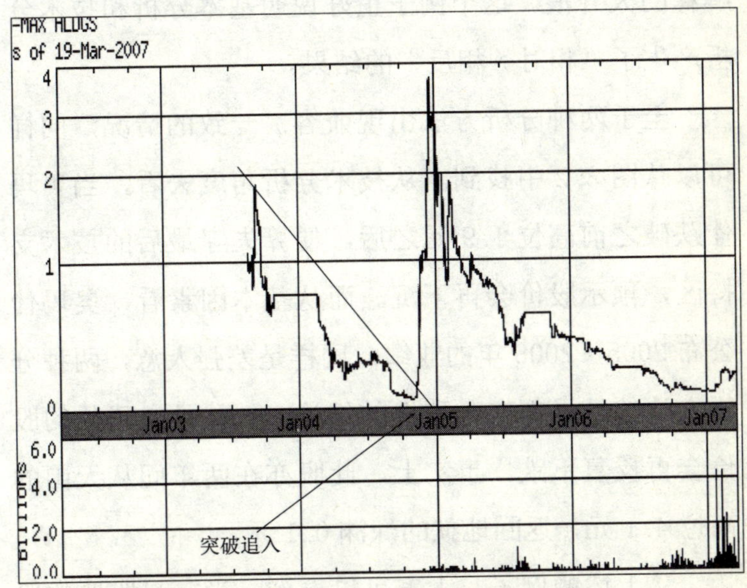

图3.2 奥玛仕2004~2006年的股价周线图

奥玛仕在2004年及2005年所公布的业绩都乏善足陈，亏损连连兼派息欠奉。如果从基本分析的角度去看，此股属于“避之则吉股”类别，但如果从技术分析的角度看，却有不同的结论。因为技术上，此股从 2003 年 7 月的高位近 2 元一直反复下跌至 2004 年 10 月最低的 0.05 元水平，然后在 2004 年 10 月突破周线图上的下降轨后便出现突破的信号，股价开始发足狂奔，竟然在短短的两个月内大幅狂升逾 80 倍至 4 元!! 在这段期间，奥玛仕出现了任何基本分析都无法解释的大升浪。这个例子正好说明基本分析和技术分析产生了“相对 / 相反”的结果。

至于两种分析方法出现兼容 / 一致的情况，同样可以从图 3.2 中找到。从技术分析角度去看，当奥玛仕跌破之前高位 1.9 元之后，便算失守最后的技术支持区，预示股价会再下沉。而从基本因素看，奥玛仕公布 2005～2006 年的业绩，同样是差强人意，两种分析方法的结果都有一致性的结论——就是奥玛仕的股价会再反复下跌。事实上，此股亦在两年间从天国的高位 4.1 元，返回地狱的深渊 0.1 元。

从上述的例子，大家可以看到，当一只股票的股价炒高至完全脱离基本因素，往往都只会是短线的投机现象，并极有可能是大跌前的先兆！

那么，对于一位 28 岁的年轻人来说，如果要学基本分析，又应该从何入手？

基本分析的范围可以很广阔，坊间大部分投资书籍，都会列出下面一大堆工具，并称之为基本分析：

- 股息增长模型
- DDM　股息折现模型
- EPS
- Dividend Yield
- EBITDA
- ROA
- ROE
- Debt ratio
- Current ratio
- PBV
- P/E 等……

但如何把这些基本分析工具分类？哪一种基本分析工具比较重要？它们的实用性到底如何？对不起，多数坊间的投资书籍都没有详细提及，只好由读者们自行去判断。我的看法是，基本分析可以细分为三大范围，分别是经济学、会计学及财务学的应用。

3.5 基本分析：经济学的应用

分类：经济学——宏观经济学

重要性：极高

实用性：中等

经济学理论的应用，在基本分析方法中其实是最重要的一个环节，但又往往是小投资者最容易忽略的地方，为什么？

因为小投资者较容易有“只见树木，不见森林”的心态，认为宏观经济学太高深或者太枯燥乏味，不值得重视。但对于各国的基金大户来说，他们却有着迥然不同的投资方法。

大家可以留意，世界级的跨国性银行、大证券行或基金公司，都倾向采用“由上而下”(Top Down)的选股法，在投资之前，会先研究及评估一个国家/地区的经济发展情况及前景，然后再决定投放多少资金在这个地区，所以经济发展势头强劲的地区，往往能吸引巨额的资金流入到当地股市或资本市场，于是资产价格就会上升。

大家经常听到所谓的资金流向决定股市升跌，其实正确的说法，应该是经济发展情况及前景决定一个国家/地区的资金流向，再影响股市或资产的升跌。所以宏观经济学对基本分析的重要性，我会评定为“极高”，当中又以美国的经济表现及利率走势对香港及全球的经济有着指导的作用，所以特别值得我们留意。

既然美国的经济表现如此重要，那么投资者要特别留意哪些宏观经济学理论或经济数据？

本书列举一些比较基本但又重要的经济学名称或经济数据名称，以供大家参考。

(1)货币政策：影响利息走向及股价走势。

(2)财政政策：影响国家/地区的财政，进而影响一个国家/地区的国民生产总值(GDP)。

(3)国民生产总值。

(4)消费者物价指数/生产者物价指数/核心消费者物价指数：反映通胀率。

(5)经常账盈余：反映贸易赤字。

(6)采购经理指标：反映经济扩张性或收缩。

(7)工业生产/设备使用率/制造业指数：反映经济扩张性或收缩。

(8) 一周申领失业金人数 / 失业率：反映就业情况。

以上这些数据，无疑可以令小投资者加深对一个地区的经济状况的认识，但宏观经济学对于小投资者的实用性，我却认为只是“中等”，也就是说经济数据虽然重要，但对于小投资者的实用性却并不太高。我所指的实用性，是指小投资者能够进一步利用这些数据去分析的机会并不高，为什么？

原因是小投资者面对这些数据时往往会碰到下列两个应用上的难题，大大减低了它们的实用性：

难题 1：多数的经济数据都是滞后的，通常是反映上一个月、上一季度，甚至上一年度的经济情况，甚至某些重要的数据。例如上一季的 GDP 增长，更会向上或下修订，小投资者要不时留意这些数据的滞后性。

难题 2：不同的经济数据之间有时会互相矛盾。例如失业率上升，可能代表经济有放缓的迹象，但同时 GDP 却仍旧比预期中增长要快。两项数据同时出现，有时连经济师都只有摇头苦笑！

如果你想加强自己对美国经济数据的了解或分析能力，只有靠自己平时多看一些较权威的财经刊物，例如 Wall Street Journal。假以时日，你会发现自己对经济数据的了解能力渐渐的提高，你也会慢慢的觉得，经济学其实都有平易近人的地方。

除了可以从公布的数据掌握美国的经济外，另外一个能够掌握美国经济情况的方法，便是参考美国国库债券的孳息曲线(Yield curve)。

孳息曲线分析(Yield Curve Analysis)

美国国库债券的孳息率曲线，一向被称为债券市场的水晶球，甚至可以用来预测美国的经济情况。每当孳息率曲线大幅波动，就预示金融市场及整体经济将会面对重大的转势。所以孳息率曲线的走势，一向极受债券市场人士的重视。

影响孳息率曲线的因素很多，我尝试列举出其中比较重要的因素：

- 联储局(FED)的货币政策及市场对政策的预期
- 经济增长率
- 财政政策
- 对通胀的预期
- 美元的汇价
- 投资者对风险的取态
- 美国财政部赎回国库债券的比例

那么，如何利用孳息曲线分析预测债市的走势，从而对经济做出预测？

首先大家要明白，孳息曲线图是由不同年期的美国国库债券的收益率变动所组成，所以孳息曲线的走势可以是“正斜度”(Positively sloped)也可以是“负斜度”(Negatively sloped)。

孳息曲线的“正斜度”代表短期美国债券孳息低于长债，也代表联储局现行的货币政策正有利于经济扩张及股市上升。

相反，“负斜度”的孳息曲线代表短期美国债券孳息高于长债，表示联储局很大可能会为了让经济降温，调升短期利率，所以不利股市上升的势头。

研究显示，从 1970 年以后，每当孳息曲线出现“负斜度”的状态，美国的 S&P500 家大企业将会出现盈利放缓，甚至倒退的现象。

大企业盈利倒退，后果可能十分严重，不信？大家可以看一看下面的孳息曲线图(图 3.3)，记录的日期是 1987 年 10 月 16 日。

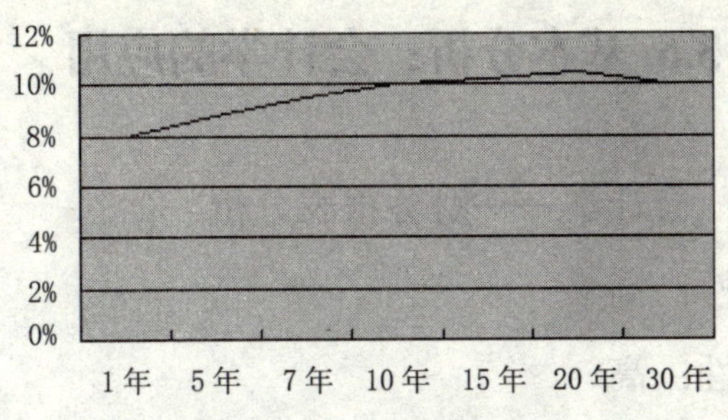

图 3.3　美国债券孳息曲线图

那天记录的孳息曲线图，在 20 年及 30 年的债券孳息上出现了“负斜度”的现象，结果在短短三天之后，即 1987 年 10 月 19 日便发生美股的黑色星期五(Black Friday)，道指一日内暴跌了 500 点，触发了股灾，也拖累了全球股市纷纷暴跌。

以上的例子可能过于巧合，但孳息曲线图对美国经济的预测，仍然值得投资者重视。

宏观经济及孳息曲线分析，虽然可以帮助你判断出经济的循环，提醒你避免在经济步入衰退时买入股票，但它们却无法告诉你，当经济好转时，应该买入哪一行业的股票，甚至指明是哪一家企业。

有没有其他的基本分析工具可以提供这些资料？答案是运用财务报表分析。

3.6 基本分析：会计学的应用

分类：会计学——财务报表分析

重要性：高

实用性：高

财务报表分析本来是会计学必修的范围，但由于投资市场的普及，现在很多财务学的书籍，都会教授这方面的知识。

下面是一些常见的财务比率，很多股票分析员都会用来分析企业的财务报表。我尝试把这些财务比率再细分成四大类别，并且在每个类别列举一些例子让大家容易明白：

市场价值类别

这类型的比率可以帮助投资者明白某只股票的价值(value)与价格(price)的关系。

价值与价格两者大大不同，我会在下一章再详细解释。

(1)P/E 比率：Price to earning ratio，即股票的市盈率或本益比。

P/E ratio 的公式是：

目前每股普通市场价÷去年度普通股全年每股盈余

如果使用去年度的盈利数字去计算P/E，称为历史市盈率；使用本年度未公布的全年每股盈余去计算，称为预测市盈率。但无论使用哪一种，都要留意高P/E和低P/E值的含义。

高P/E值，你可以理解为股票的现时市价较贵，但也可以理解为：市场现时比较看好这只股票的增长前景，所以肯付出高溢价去购买。相反，低P/E值的股票，并不等于现时一定值得购买。例如恒指成分股中国网通(0906)的P/E值一直只有6～9倍，在大型电讯股中是最低P/E值的股份，但中国网通的股价升幅，就远不及P/E值超过20倍的中国移动(0941)。

(2)P/B比率：Price to book value ratio，称为市账率。

计算方法是：

每股的现股价÷每股账面值(Book value)

这个比率经常用于分析银行股。其数值愈高，愈代表股价相对企业的账面值愈贵，但也有可能代表这只股票现正备受市场追捧，升势可能有余未尽。例如

2006 年交通银行(3328)的股价，其 P/B 值从 2006 年开始节节上升，从 P/B 值 3 倍多一直升至 P/B 值高达 4～5 倍水平。投资者如果在 P/B 值 3 倍时觉得太贵而卖出交行，难免错过之后的巨大升幅。

盈利能力类别：以下是一些常用的比率，以分析公司的赚钱能力

(1)ROA：Return on Assets，称为资产收益率

有两种计法，分别是：

资产净利润率：纯利÷平均总资产

资产总收益率：息前税前利润÷平均总资产

(2)ROE：Return on Equity，称为净资产收益率

计算方法是：

净利润÷平均普通股股东权益

值得一提的是，投资者最好兼看 ROE 及 ROA 去评估公司盈利能力，因为公司可以透过加大借贷÷财务杠杆，去提高 ROE 并营造出较佳盈利能力的表象，但前提是 ROA 必须同步上升。如果 ROA 不升反跌，表示借贷成本高于资产回报率，长远而言会提高公司的经营风险。

(3)EPS：Earning Per Share，即每股盈利

计算方法是：

税后盈利(扣除优先股息后)÷加权平均流通普通股数

EPS还可以再分为两种：基础(Basic EPS)及摊薄后(Diluted EPS)。两者分别在于后者需要计算已发行的认股证、期权、可换股证券及供股权。

短期偿债能力类别

流动比率current ratio，是最常见又最简单易明的比率，用来评估企业短期(一年内)的偿债能力。如果一家公司的财务情况恶化，第一个信号往往便是流动比率下降。

流动比率计算方法是：

流动资产÷流动负债

财务杠杆类别

财务杠杆的大小，代表公司陷入财务困境，甚至无力偿债的风险。

比较能够全面反映公司整体债务风险的比率是负债权益比。

计算方法是：

总负债÷股东权益

简单介绍过以上四大类别的财务报表分析比率，在下面的表 3.2 我选择了四家公司，分别是交通银行(3328)、中国人寿(2628)、腾讯控股(0700)及长江实业(0001)，并做出以下的综合财务报表的分析：

表 3.2　比较四家公司的财务报表比率(截至 2007 年 3 月 26 日)

股票编号	3328	2628	0700	0001
P/B	4.38	7.52	16.09	1.13
账面值(每股)	1.814	3.00	1.65	86.53
P/E(历史)	29.44	64.43	44.03	12.56
ROA	0.78%	1.88%	26.34%	7.75%
ROE	14.15%	12.67%	32.00%	9.38%
EPS($)	0.27	0.35	0.603	7.80
Current Ratio	不适用	无流动负债	4.30	4.97
负债权益比	1801.26%	595.20%	25.00%	22.00%
股价(2007 年 3 月 26 日)	7.95	22.55	26.55	98.00

从表 3.2 可见，财务报表分析对于基本分析的重要性是高，因为它能提供一个客观的分析平台，使不同业务的公司能够放在一起做出比较，让投资者更能掌握不同公司的盈利能力及财务安全性。

至于财务报表分析的实用性也是高，因此在上述例子中的数据，都不难从互联网中获得，投资者只需要把这些数据表列在一起，便能做出分析比较。

好了，各位读者。从上述的表中你能找出哪一只股票最值得投资吗？

3.7 基本分析：财务学的应用

分类：财务学——证券估值方法

重要性：较高

实用性：中等

基本分析中，第三个范围是财务学的运用。

债券和股票的定价模式一直是财务学上极重要一课，特别是下面两种股票的定价模型，无论是 28 岁或 28 岁以上 / 以下的投资者，都必定要认识。

股利增长模型(Dividend Growth Model)

这是在财务学中最常见的股票定价模型，可以再细分为三种增长模式：

•零增长

•固定增长

•变动增长

其中以固定股利增长模型比较简单易明又不失其实用性，其公式如下：

P0=r-g

P0 是模型里面股票的价格，r 是模型中的投资回报(或贴现率 Discount Rate)，最后的 g 是模型中的股利增长率。

无论是哪一种股利增长模型，它们的中心理论都是一样的，就是用来解释公司普通股的股价，其实就是将来所有股利(Dividend)的现值(Present Value)。

DDM(Discounted Dividend Model)股利折现模型

至于 DDM，其实是“股利增长模型”的一种变化，DDM 对 r 的概念有些不同，它是利用“无风险利率”(即 Risk-free Rate)加上某个预期回报率，去计算股票的无风险现金折现值，而不是主观的使用“要求投资回报率 r”，所以比较多的分析员采用 DDM 来模拟出股票的“合理价”。

DDM 的公式如下：

P0=Div0(1+g)

我现在尝试利用上述的公式，去估计长实(长江实业)的合理股价：

例子：用 DDM 计算长江实业的股价

长江实业 2006 年度股息(Div0)	2.2
g	10%
k(包括 Risk-free Rate 4%及预期回报 9%)	13%
估计值 P0	80.67

从上述的 DDM 计算结果及假设数字可以看出，如果 g 及 k 分别是 10%及 13%，长江实业的合理价应该是 80.67 元，如果与 2006 年 3 月 26 日的股价 98 元比较，长江实业的现股价似乎稍为偏贵。

以上两种股票的定价模型，在基本分析方法中有着“较高”的重要性，因为现实中分析员在撰写研究报告时，都有机会采用这些模型。

至于对小投资者的实用性，我却认为只是“中等”，原因是股票定价模型，虽然理论上可以估计出股票的合理价，但却无法解释股票市场的真实运作及股价的波动。当一只股票的股价大幅偏离“合理价”的时候，到底两者的差别是由于股价不合理，还是“合理价”不合理？又或者是因为股票定价模型不合理？

除此之外，k 及 g 的数值亦需要投资者自己去估计，问题是这些估计得来的数值是否可靠及客观？以上述长江实业的“合理价”为例，特别是 k 的数值，就算是增 / 减两个百分点，都会大大影响股票的“合理价”。从下面的例子可以看到，差别可以相差接近一倍：

例子：用 DDM 计算长实股价及其差别

长江实业去年股息(Div0)	2.2	2.2
g	10%	10%
k(包括 Risk free Rate 4% 及预期回报 10%或 8%)	14%	12%
估计值 P0	60.50	121.00

所以小投资者在使用这些股票定价模型时，仍然要保持着谨慎及批判的态度。

总结：上述的基本分析工具都是投资者较容易掌握和理解的。当你能够一方面运用技术分析去掌握股价走势的强弱及趋势，另一方面又能通过基本分析加强了解公司的财务状况，便可大大提高平均回报率达至 19.5%的成功机会。

第 4 章

你 38 岁后要学懂的投资方法

“如果公司经营良好，最后一定会反映在股价上。”

——美国股神巴菲特

4.1 投资者在 38 岁采取的两个策略

如果你是 30 多岁的青年，工作了 10 多年后，你发觉愈来愈多的责任需要承担，但晋升之路却愈来愈困难。

这是一个人人都要面对的问题：如何可以改善生活质量并能为退休早做准备？答案很明显，积极开始投资吧！让我再次重复本书开宗明义的第一条致富秘诀：愈早开始投资就愈轻松。

可能你心中仍有疑问，30 多岁才开始投资，是否太迟了？我可以十分肯定地告诉你，绝对不迟！因为你在 65 岁退休之前，仍然有 27 年时间去赚取 5000 万，虽然难度增加不少，但绝对可以成真，让我先告诉你两件振奋人心的真人真事：

(1)有一位朋友，他本来是学哲学的，在他 38 岁之年，才创立一只小型基金，并自任基金经理，但在 24 年之后，他已经富甲一方，并且有能力击败英伦银行，获利 10 亿美元而闻名于世。

他的名字就是——索罗斯(Geroge Soros)。

(2) 另外有一位朋友就更加厉害，他在 1957～1969 年，仅利用 105000 美元的资本(还是由七位股东凑合而成)，于 12 年内就可以累积出 2600 万美元的资产。

他的名字，你和我都认识，他就是巴菲特。

所以，27 年的时间绝对足够让你将小钱变大钱，5000 万绝对有可能。让我们首先调整一下赚取 5000 万的两个投资策略：

策略 1

(1) 首先，你需要在 38 岁的时候，投入 270000 元作为本金。

(2) 你每年的投资回报，平均要达到 20.5%。

(3) 你的投资年期需要 27 年。

由于投资年期缩减了，让复利增长的时间同时也减少，整体的总回报也难免受到影响，所以使用这个策略 1，需要投入的本金增加到 270000 元，高于上一章策略 1 及策略 2 所提到的 80000 元。

如果你决定使用策略 1，你需要达到更高的投资回报，所以每年平均需有 20.5%的回报率。但策略 1

的优点是在 27 年间你并不需要额外投入任何资金，你需要做的是如何运用你的 270000 元本金，不断去投资增值，令你可以达到 5000 万的目标。

经过了 27 年，你的 270000 元资金如果以每年 20.5%的复利增长，估计你到 65 岁的时候，这笔资金会增长多少？总回报又是多少倍？答案是 50003578 元，增长倍数高达 185 倍！是否相当惊人？

如果你希望能更早达成 5000 万的目标，你也可以采取下面另一个投入更多资金的策略：

策略 2

(1) 你需要在 38 岁的时候，投入 270000 元作为首期本金。

(2) 每年的投资回报，同样要达到平均每年 20.5%。

(3) 从第二年起，每年额外投入 100000 元(即每月约 8300 余元)。

(4) 投资年期是 22 年。

如果你使用这个策略 2，你的 270000 元首期资金及每年额外投入的 100000 元，经过了 22 年的复利滚存，就会累积到 54652934 元，由于你总共投入了 2470000 的资金，粗略计算一下，你的投资总回报连本金在内，增长达 22 倍。

你可能很快会发现，这两个策略在投资年期上只不过是相差了 5 年，但如果你选用策略 2，你需要额外投入多达 2200000 元的资金。“时间就是金钱”一点儿也没有错！

但策略 2 也有一个很大的优势，就是你每年定额投入的 100000 元，你可以耐心静候股市调整时入市，也就是说，你可以等指数跌至较低水平才投入这些资金。这样做的好处是可以拉低你首期资金的成本，变相提高组合的回报。所以理论上使用策略 2 而能成功达到每年回报率 20.5%的几率，应该会比策略 1 来得高！

问题的关键是：怎样才能增加成功达到每年平均回报率 20.5%的目标的机会？

答案很简单，你要认识第三种投资技巧——价值投资法。

4.2 价值投资法等于基本分析吗

假如有一位投资者，他懂得看图表，对技术分析指标有相当的认识，一生致力从图表中找出获利的方法/机会，他是一位价值投资者吗？

又假如有一位投资者，他懂得运用财务报表分析，也能够利用DDM股利折现模型去找出股票的合理价，那么他就是一位价值投资者吗？

很可惜，两者都不是。

股神巴菲特，这位被认为是世上最伟大的价值投资家曾经说过："就算格林斯潘(Alan Greenspan)告诉我，关于他两年后将推行的货币政策，我也不会有任何(投资上的)改变。"就是说，基本分析中所着重的宏观经济发展及政策分析，在巴菲特眼中并不是价值投资法的着眼点。

巴菲特经常提到股市的投资者常常有"怪异的投资行为"，他指出，绝大多数投资者都害怕股价下跌，所以往往在跌市时，争相卖出股票；反之，他们偏偏最喜欢在股价节节上升时，追买股票。

技术分析派一向十分重视这种"突破"买入/卖出的信号，所以我们经常听到类似以下的股评人意见：

“图表上出现技术性突破信号，这只股票值得追入”；或者“由于股价跌破图表上的重要支撑位，所以必须卖出股票做出止损。”

巴菲特就质疑：“这种高买低卖的行为，又怎能够在股票市场上获利?”股神这个论点，无疑击中了技术分析派的死穴。

4.3 价值投资法到底是什么

如果说技术分析和基本分析都不是价值投资法，那么到底什么才是?

要认识价值投资法，你首先要认识一位重要人物，他就是本杰明·格雷厄姆(Benjamin Graham)。他和戴维托德(David Dodd)合著、在 1934 年出版的《证券分析》(Security Analysis)一直被视为价值投资法的典籍。格雷厄姆又被尊称为“财务分析学院院长”(Dean of Financial Analysis)，因为在 20 世纪 30 年代的美国，其实并没有“财务分析”这门学科，自从格雷厄姆在 1928 年开始在哥伦比亚大学任教“证券分析”后，世上才有专门研究股票的正统学科，并成为哥伦比亚商学院的 MBA 课程之一。

格雷厄姆在 1949 年另外出版了一本价值投资法的经典著作《聪明的投资者》(Intelligent Investor)。这本书对美国股神巴菲特的影响尤其深远，巴菲特亦亲自为这本书的第四版写序，并且赞许这本书是“到目前为止，最好的一本投资书”。

但真正令格雷厄姆成为一代传奇人物，源自他另外的一个称号：“股神的师父”。巴菲特从不否认格雷厄姆对自己影响之大仅次于自己的父亲；巴菲特又说，他是 85%的格雷厄姆，加上 15%的费沙(Philip Fisher)。

我们可以这样说：没有格雷厄姆，就不会有“股神巴菲特”；没有“股神巴菲特”，也不会有“传奇的格雷厄姆”。

《证券分析》(Security Analysis)一书完成的背景，是格雷厄姆经历了 1929 年的美股大崩盘及之后的经济大萧条，在书中他探讨的基本问题是：到底以后是否再买股票？投资者是否要像当时的一位经济学家罗伦斯·张伯伦(Lawrence Chamberlain)在《投资与投机》一书中的看法：以后都不要沾手股票？如果投资者要买股票，又可以根据什么准则才能获利？

值得一提的是，格雷厄姆并没有创造出“价值投资法”或者以“价值投资法始创人”自居，他只是为投资一词加入清楚的定义：“投资是经过无数彻底的分析，以获得高度安全及厚利的动作，无法符合这些标准的做法都要加以怀疑。”

后来的人，便把格雷厄姆的投资方法称为“价值投资法”。“价值投资法”的中心理念是建基于现代金融市场的两个特点：

(1)市场先生(Mr.Market)：格雷厄姆把所有能够影响金融市场证券价格的综合力量称为“市场先生”。这位“市场先生”的情绪十分波动，它天天都向你开价买卖证券，有时它会十分乐观，愿意在高价买入或者卖出股票给你；但有时它又会十分悲观，开出低廉的价给你。对于这位情绪波动的“市场先生”，作为投资者的你很难预测它到底什么时候会悲观，或者什么时候会乐观。

(2)股票的内在价值(Intrinsic Value)：虽然“市场先生”的情绪十分波动，但其实它所买卖的证券，都有本身稳定“资产的基本经济价值”。这些“资产的基本经济价值”加上企业的“盈利价值”及“增长价值”，便成为了股票的“内在价值”，价值投资法就是要找出这些“内在价值”。格雷厄姆虽然认同两者之间在大多数的时候都会存在差异，但只要耐心等候，股票的内在价值和市场价格始终会有相等的一天。

把以上两个金融市场的特点综合起来，你就能找出市场价格和内在价值之间的差异，也就是潜在利润所在。这就是格雷厄姆经常提到的重要概念：安全边际(Margin of Safety)。

让我用最简单的语言来说明什么是“安全边际”。其实格雷厄姆就是教我们用 1 元的价钱，买入价值 2 元的股票。所以如果一只股票的“安全边际”是 1 元，这只股票的未来获利空间，就起码有 1 元，甚至更高。因为“市场先生”在将来的某个时刻，可能会十分亢奋地用高于股票价值的市场价格，从你手上买入这只“安全边际”极高的股票。

价值投资法的核心，就是要设法找出股票的“内在价值”，并与市场价格做出比较，确保投资者买入的股票，不但价格低廉并且能提供足够的安全边际，你然后应该一直持有，静待股价上升至全面反映股票的内在价值，甚至更高水平时，才考虑卖出。

4.4 格雷厄姆的选股准则

格雷厄姆的《证券分析》一书已经面世超过 70 年。我无意在这里重复书中的具体内容，但我认为投资者最重要的是能够明白格雷厄姆的“安全边际”学说，并掌握到一些实用的选股法则用来买卖股票。

以下几个格雷厄姆式选股准则，我认为最实用又容易明白，现在提供给大家参考：

(1)足够的“安全边际”：补充一点，其实格雷厄姆提倡的“安全边际”理论，不仅适用于股票，同时也适用于债券，而且债券的“安全边际”比起股票更加容易掌握。根据格雷厄姆的说法，如果一家公司的利润是它固定支出的 5 倍，那么这家公司的债券，便算是拥有足够的“安全边际”。

股票方面，一如上文所说，股票的“安全边际”是由公司的“内在价值”和市场价格之间的差异所衍生，既然如此，股票的内在价值又是如何估计出来的呢？格雷厄姆指出“内在价值”的估计，必须是“为事实所支持的”。这些“事实”包括公司的资产净值(Net Asset Value)、盈利、股息和将来的盈利前景等。但格雷厄姆认为，由于公司的盈利前景包括产品将来的销量、售价及成本，投资者并不容易掌握，所以“内在价值”并不是准确的数字，而是一个估计值。所以格雷厄姆对于“内在价值”的估计，不会太重视产品将来的销量、售价及成本。

格雷厄姆提倡以“资产净值”去估计一家公司的“内在价值”风险最低，因为公司的“资产净值”较容易准确估计得到，假如你能以低于每股“资产净值”的市场价格买入某只股票，这只股票的“安全边际”便会最高。

很多人认为格雷厄姆只懂得教人计算“资产净值”，而忽略盈利增长等因素，其实是以偏盖全的说法，格雷厄姆只是认为产品将来的销量、售价及成本等难以估计，所以特别提倡用“资产净值”，并不是他忽略了“资产净值”以外的公司“内在价值”。

格雷厄姆亦提到最佳的股票买入点是当市场价格是“资产净值”的 2/3 的时候，那么“安全边际”便足足有“资产净值”的 1/3 之多。

(2) 不受欢迎的公司：格雷厄姆到了晚年可能也知道愈来愈难在股票市场找到“安全边际”高至“资产净值”1/3 的股票，所以这位投资大师在晚年修订他的《证券分析》第五版时，曾经研究了 1961～1971 年这

10 年间的股票表现。他的结论是，如果在这段期间买入那些“不受欢迎公司”的股票，10 年间的回报可以十分可观。什么是“不受欢迎公司”的股票？格雷厄姆指明就是市盈率偏低的股票，但多少倍才算是偏低的 P/E？

一般较主流的看法是，如果美国股票的历史市盈率低于 15 倍，就属于“不受欢迎公司”的类别，也就是格雷厄姆所言的市盈率低的股票。

(3)现价低于上一次最高价位的 50%：格雷厄姆也发现，除了“安全边际”够高、市盈率够低这两种选股的准则外，如果在 1961～1971 年间买入那些从高位下跌了 50%的股票，也同样可以有可观的回报。

以上的三个选股法则，格雷厄姆都坚持要有一个共通点：就是只买入那些公司“资产净值”是正数的股票。当然，如果你自认是这位投资大师的死硬派信徒，当然希望会找到多只同时出现这三种情况的股票，那就是最理想的投资机会了。

现实中的股票市场又是否真的有如此美好的股票让你买进？让我们先看看股神巴菲特在投资路上的经历。

4.5 巴菲特 vs 格雷厄姆

虽然巴菲特被公认为格雷厄姆价值投资派的承继人，但巴菲特自己却认为“价值投资”这个名词根本是多余的，因为如果投资在某种证券(股票或债券)不是基于它的价值——高于买入的成本，反而是期望有下一个买家，以更高价购入你手上的证券，这种不过是投机的行为。厚道的股神也补充，投机并非违法或者不道德的事，你亦有可能因此致富。

如此说来，难道连股神也放弃了“价值投资法”?

刚好相反，巴菲特所言其实正是他从另一个角度去肯定格雷厄姆的“价值投资法”。他认为格雷厄姆那种排除万难、致力寻找证券价值的方法，才是真真正正的投资，其他形式的证券买卖都只是投机罢了。

他在 1992 年写给巴郡股东的信中提到：“我们深信格雷厄姆所提倡的‘安全边际法则’是投资成功的基石。”

当我们回顾股神过去 40 年的一些重大投资，例如 1964 年购入美国运通、1973 年购入《华盛顿邮报》及 1988 年购入可口可乐等，这些公司却大都不能通过格雷厄姆的财务测试及选股法则。为什么连巴菲特也有这种矛盾？

原来巴菲特在早年曾经根据格雷厄姆的财务分析方法买入了一些市价远低于“资产净值”的公司，分别是一家无烟煤公司及风车磨坊公司的股票。这些当时看起来价格低廉但“资产净值”甚高的公司，最后却都变成无利可图的投资。

虽然这些公司符合格雷厄姆的财务测试及选股法则，但它们的业务都缺乏长远增长的前景，所以股价虽然相对资产净值十分便宜，但如果买入这些股票，你就必须等候有其他投资者去充当清盘人的角色，愿意用相等于每股资产净值的价钱去买入这些股票，它们的潜在的利润才能实现出来。

巴菲特曾经指出，就算你以 800 万美元的代价购入资产净值 1000 万美元的公司，你能否获得厚利，完全视你卖出公司的速度。假如你在 10 年之后才能够把公司脱手，你获得的每年回报率仍然会低于平均数！所以巴菲特说：“时间是优秀企业的朋友，是一般企业的敌人。”

有趣的是，就算巴菲特的控股旗舰，大名鼎鼎的 Berkshire Hathaway（巴郡），他也承认买入它的时候是“第一个错误”的决定，因为他明知道当时巴郡的核心业务纺织业前景欠佳，只不过是因为实在太便宜(依照格雷厄姆的标准)而买入。

身为格雷厄姆的学生，巴菲特当然对老师的投资方法有比一般人更深刻而确切的理解，正是因为太理解格雷厄姆的选股法则，股神才不会故步自封，反而发掘出更适合现代金融市场的选股法则。

4.6 巴菲特的选股法则

巴菲特在 1992 年写给巴郡股东的信中提到他的四大选股法则，并且说明这些法则自从 1977 以来他都没有做出太大的改变。

巴菲特认为，他买入的这些企业应该是：

容易理解的

巴菲特一直对那些复杂的企业敬而远之，他很生动地形容自己“未学会解决复杂的企业问题，但学会避开它们”。在 1999～2000 年的科网泡沫中，巴菲特就因为难以明白科网公司的商业获利模式而坚拒入股，所以巴郡能够在上一次的科技股股灾中全身而退，丝毫无损，更为他赢得大量的掌声。

有良好的长期增长前景

各位要特别留意，巴菲特提出一个重要的概念——行业的增长并不等于企业的增长，有些行业需要大量的资金投入，但其实这些行业只能产生零甚至是负的增长。巴菲特举出的例子是美国的航空业，就是他所指高资本但低增长的公司，这些行业的高增长，是因为大量的资金投入，情况就好像 1998 年前泰国等地的经济增长，也只是大量外资涌入的结果。

什么公司才有良好的长期增长前景？对不起，股神也没有点明。但他暗示：“多数有高回报率的公司，对资金的需求相对较少。”

所以，大家对于那些有美丽的愿景(vision)，但常常向股市集资的“股场抽水机”式的公司，还是少沾手为妙。

由诚实而能干的经理人管理

毫无疑问，这是所有的公司股东、投资者及老板最希望见到的事情。巴菲特自己每年的酬金才只有 100000 美元，应该可以称为“诚实而能干”的经理人典范吧？

非常吸引/有吸引力的价格

这点是巴菲特和格雷厄姆存在最大差别的地方。格雷厄姆要求股票需要跌至“跳楼价”，即市场价格低于资产净值才好入市；而巴菲特对一些优秀的企业，却愿意付出远高于资产净值的溢价去购买，最经典的例子是他在 1973 年购入 See's Candy Shop，这家企业的有形资产净值当时只有 700 万美元，但巴菲特却愿意付出 2500 万美元来购入，而事实亦证明买入 See's Candy Shop 是巴郡 30 年来其中一项回报最佳的投资。

4.7 “价值投资法”与香港股市

我们能够在香港众多的上市公司之中，利用格雷厄姆所提倡的选股准则找出有价值的股票来投资吗？

大家先看看表 4.1 几家比较著名的公司：

表 4.1 三家公司的比较

	新世界中国	鹰君	香港兴业
股票编号	0917	0041	0480
资产净值(NAV)	6.13	40.92	5.926
截至 2007 年 3 月 28 日股价	4.60	27.00	4.44
股价 / 资产净值	0.75	0.66	0.75
大股东持股占发行股数	70.96%	61.5%	45.63%

以上三家公司似乎都达到格雷厄姆对“安全边际”的股票要求，也就是说它们的股价都低于资产净值。

其中鹰君(0041)的股价相对资产净值只有 66%，可算是最接近格雷厄姆理想中的最佳价值投资买入点；至于新世界中国(0917)和香港兴业(0480)的股价，分别都比资产净值低 25%，仍算有不错的“安全边际”。

那么这三家公司的股价表现又如何？大家可以参考下面的三个图表：

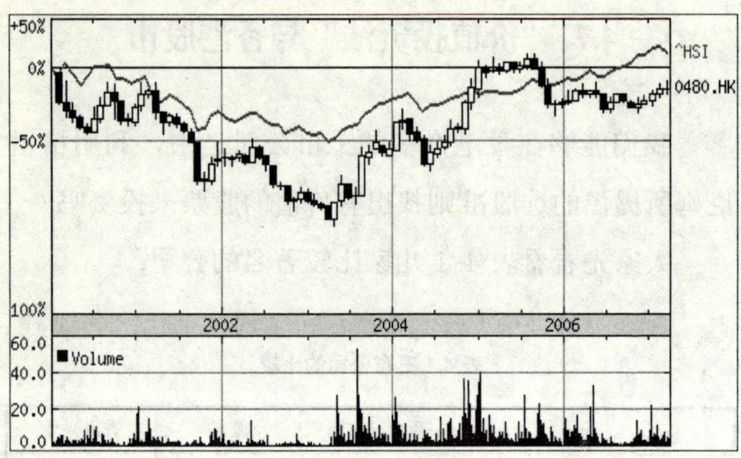

图 4.1　香港兴业股价日线图(2000 ~ 2007 年)

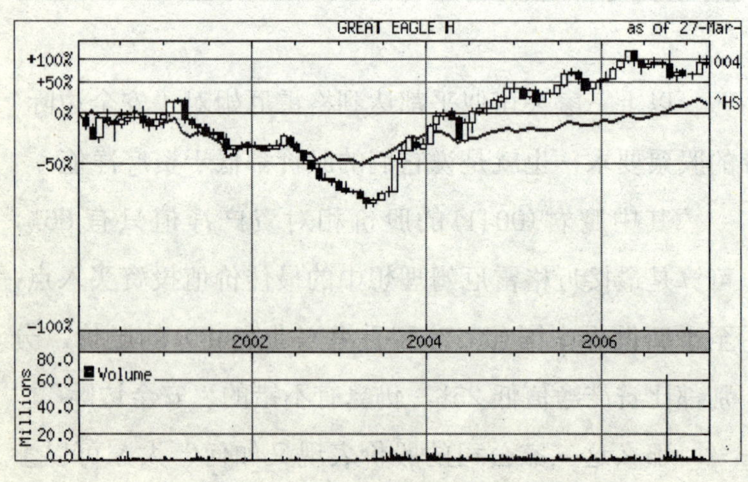

图 4.2　鹰君股价日线图(2000 ~ 2007 年)

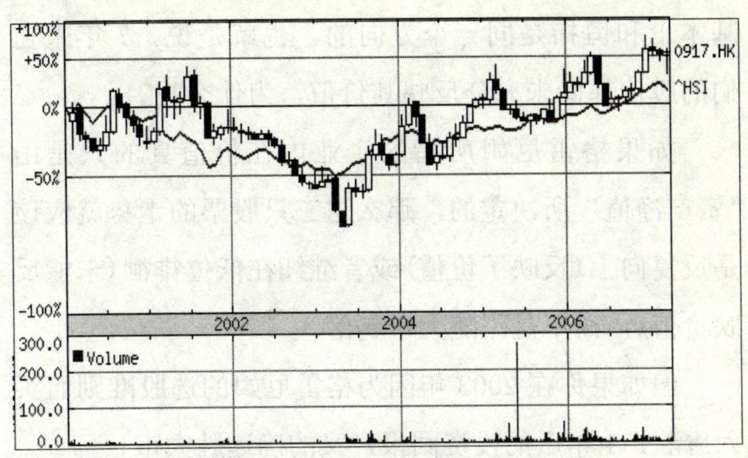

图 4.3　新世界中国股价日线图(2000 ~ 2007 年)

以上的阴阳烛线是个别股票的走势，黑色线则是恒生指数的走势。

从图 4.2 和图 4.3 大家可以看到，新世界中国在 7 年来的大部分时间，原来都跑赢大市；鹰君的股价表现也不俗，自从 2004 年之后，便开始跑赢恒指的升幅。

至于香港兴业的股价，就相对逊色，它除了曾经在 2005 年跑赢恒指之外，其他大部分时间的表现都落后于大市。

我特别挑选这三只股票，是因为它们的股价长期都与资产净值存在折让，而且这三只股票的价格升跌基本上和恒指是同一个方向的。也就是说，7 年来它们的股价都尚未充分反映其价值，为什么呢？

如果格雷厄姆所指的企业内在价值真的只是由“资产净值”所决定的，那么这三只股票的走势就应该是反复向上(反映了价值)或者继续在低位徘徊(未能反映价值)，而不是跟随大市起落。

但如果你在 2003 年因为格雷厄姆的选股准则而买入鹰君，4 年后的投资回报，又的确远胜大市！

故此，我们要明白企业的内在价值，虽然并不单单是指“资产净值”如此简单，但当我们无法有更好的方法去准确估计企业的内在价值时，选择市场价格远低于“资产净值”的股票，仍是其中一种可行的投资方法。

但当然像巴菲特那样的盖世高手，就有能力看穿及准确估计企业的内在价值，并采取实际的买入行动，大手大手吸纳那些内在价值极高而又有价格吸引力的企业，不断壮大自己的投资组合。

巴菲特对格雷厄姆所指的企业内在价值，实在有比一般人都深刻透彻的了解。

对于 38 岁而又想赚取 5000 万的投资者而言，能够正确运用价值投资法，加强对股票价值的准确估计，大有机会提高每年的投资回报率达到 20.5%的目标。

第 5 章

你 48 岁后要学懂的投资方法

“我们首先要对付的最大敌人是来自内心。”

——西班牙诗人塞万提斯

5.1 投资者在 48 岁采取的两个策略

人生到了 48 岁，距离 65 岁的退休年龄只剩下 17 年的时间，你可能明白积极投资的重要性，甚至觉得退休是迫在眉睫的事情，令你焦虑不安。但事实上，你仍然有可能在 17 年的时间内赚取 5000 万。

让我再提供两个能够赚取 5000 万的投资策略：

策略 1

(1) 你需要在 48 岁的时候，投入 1400000 元作为本金。

(2) 每年的投资回报，平均要达到 22%。

(3) 投资年期需要 17 年。

由于投资年期缩减至 17 年，回报的复式增长空间也大大减少，所以使用这个策略 1，需要投入本金 1400000 元，远远超过 38 岁时的 270000 元。

本策略对每年平均回报率的要求也需要提高至 22%，策略 1 的最大优点，是 17 年之间，你并不需要额外再投入任何资金，你需要的只是用 1400000 元去不断增值，达成你赚取 5000 万元的目标。

而你的 1400000 元资金，经过 17 年，以每年 22% 的复利滚存，到你 65 岁的时候，这笔资金就会连本带利变成 50188589 元，总回报是 35.84 倍，这仍然是十分可观及骄人的投资成绩。

如果你希望更早达成 5000 万元的目标，你可以考虑以下的另一个策略：

策略 2

(1) 你需要在 48 岁的时候，投入 1400000 元作为首期本金。

(2) 每年的投资回报，同样要达到平均每年 22%。

(3) 从第二年起，每年额外投入 100000 元(即每月约 8300 余元)。

(4) 投资年期是 16 年。

你的 1400000 元首期资金及每年额外投入的 100000 元，经过 16 年的复利滚存，连本带利就变成 53940197 元。

你可能会大吃一惊，两个策略的投资年期只是相差短短的 1 年，但如果选用策略 2，你需要在 16 年期间，额外投入多达 1600000 元的资金，似乎愈来愈“犯本”了。

但你也必须清楚，策略 2 的优点，就同上一章的策略 2 一样，你每年额外投入的 100000 元，可以应用“平均成本买入法”耐心静候股市调整时才入市。就是说，你可以等指数跌至全年的较低水平才投入 100000 元资金。容许我再重复一次，这样做的好处是可以拉低你整个组合及首期的成本，可以帮助你提高组合的总回报，所以使用策略 2 达到每年回报率 22%的成功几率，应该会高于策略 1。

问题的关键是：怎样才能达到每年平均回报率 22%的目标？

经过接近 50 年的人生历程，你应该对人性有深刻的体会，在人生这个阶段去学习及运用投资心理学，就可以增加自己投资的胜算。

5.2 了解心理与投资的关系

心理现象如何影响金融市场

在了解什么是投资心理学之前，我们先要了解投资者的心理因素对金融市场造成什么现象。下面是其中两个重要的例子：

(1) 任何金融市场都有买方(看好者)和卖方(看淡者)，金融市场的群众在心理上是高度联系起来的，买卖双方都有机会接触大多数的信息。但最特别的地方是，无论价格的起和跌，都不但会影响金融市场的"群众"，而且看对走势的一方，会产生快乐的情绪，并且把这种快乐的情绪传染给其他人。例如旁观者(未跟进做买卖者)，或者同样是看对走势的一方，这种快乐的情绪就会吸引其他人跟随着这种走势，于是趋势就形成了，并反映到图表上。所以金融资产的价格走势都不会是随机的，而是有趋势性。

(2) 由于看对走势的群众会把这种快乐的情绪一直传播开去，于是无论看好或者看淡的力量便会愈来愈大，并反映在图表上面形成抛物线式的上升或者下跌。所以在波浪理论的应用中，以第五浪最具爆炸力，其实这就是心理学在投资理论上的具体应用。

心理如何影响投资决策

心理学中一个称为行为理论的学派，是通过客观的实验、研究、预测来控制人类的行为。所以行为理论学派不会去解读人类的潜意识、意志或想象等东西。

行为理论最基本的应用是所谓的“刺激——反应模式”：

“刺激”——包括技术指标、买卖信号或市场传言

“反应”——买、卖、观望

“结果”——赚、蚀、不赚不赔

“结论”——信任 / 不信任系统

根据这个“刺激—反应模式”对投资者产生的影响，可以总结为下面的表 5.1：

表 5.1　交易信号及反应结果分析

投资者	刺激	反应	结果	结论
A	技术指标或买卖信号	依从信号	赚	加强对信号的信任
A	技术指标或买卖信号	不依从信号	赔	减少对信号的信任
B	市场传言或“贴士”	依从传言	赚	增加对传言的信任
B	市场传言或“贴士”	不依从传言	赔	减少对传言的信任

奖励成功的心理

从表 5.1 中我们假设投资者 A 或投资者 B 在每次开始投资时，都可以自由选择依从技术指标发出的信号，或者听取市场传言，以做出买卖决定。由于选择了不同的“刺激”，就产生出不同的结果(赚钱 / 赔钱)，到了下一次的“刺激”出现，他们会尝试追求同样的结果。为了追求不断重复这种结果，投资者仍然会在不知不觉间倾向采用那些能较多带来赚钱经历的“刺激”(方法)。

从上文可以看到，投资者 A 或投资者 B 是根据这种“刺激——反应”模式，而不是用非常客观及冷静的态度去分析市况。这种由于心理的因素，不知不觉地影响到行为模式，正好解释了为什么绝大多数的投资者的投资回报都不太理想。

这种在投资行为上的取向，就是由于投资者这种奖励成功的心理，而在现实生活中，当某些投资者在偶然的情况下听信了某些市场传言或“贴士”，而做出买卖决定，但偏偏又能赚钱时，以后这位投资者就会在不知不觉间成为专门四处打听“贴士”的投机客了。

明白了这种奖励成功的心理是如何影响投资行为

后，如果各位不想成为上述的投机客，最彻底的方法，便是在一开始就拒绝盲从任何市场传言。

成功的投资心态

除了以“刺激——反应”模式，利用奖励成功的心理训练自己的投资心理质素外，你的心态也应该经常保持在 PMA 的状态。

PMA 的全写是 Positive Mental Attitude，可以称为“积极的精神态度”。大家可以想象无论是运动员或者交易员，如果在消极悲观的情绪下比赛或者买卖，他总会觉得胜出或者获利的机会渺茫，而且在比赛/交易过程中，好像事事都不顺利，于是就更加发挥不出应有的水平。

PMA 不单止是一种心理状态，其实它也是心理学上一种属于“自我暗示”的现象。

什么是“自我暗示”？在心理学上，“自我暗示”是一种可以改变自己行为和态度的治疗方法。这种治疗方法源自中世纪的欧洲，已经有数百年的历史。到了 20 世纪，有一位郭耶博士(Dr. Emil Coue)首先引用“自我暗示”做心理治疗方法。郭耶博士吩咐他的病人每天反复念诵“我在各方面都会愈来愈好”这一句话。郭耶博士发现，这种自我暗示的方法，真的可以令病人的健康渐渐好转！

市面上那些改善人际关系、增进销售或领导能力的训练课程，或多或少都用上了“自我暗示”的心理疗法。

那么如何能成功地令自己保持 PMA？投资者可以根据下面的原则，设计出一套能够令自己达到 PMA 的方法：

(1)制订实际可行又远大的目标：可以像我一样，以 5000 万作为你投资路上的奋斗目标。有了清晰的目标后，积极的心态就会油然而生。

(2)跟成功的人交往：积极的态度容易令人成功，而成功也令人更加积极起劲；此外，积极的情绪也会在不知不觉间感染其他人。所以，多跟成功的人交往，是百利而无一害的。

(3)如果你想经常保持 PMA，以下这些容易带来消极情绪的行为，就应尽量避免：

- 交易亏损后，怪责自己或者埋怨运气欠佳
- 不去理会未卖出股票的亏损情况
- 对市场失去兴趣

- 止损得太过频繁
- 不理会系统的信号，单凭感觉出入市
- 买入股票后，为了微薄的利润而卖出

5.3 投资者的最大敌人：自己

类似以上的标题，除了西班牙诗人塞万提斯外，就连本杰明·格雷厄姆(Benjamin Graham)也说过："我们就是自己最大的敌人。"

从心理学的角度来看，投资只是其中的一种人类行为，当许多人集合在一起，便形成了投资市场。所以研究心理学，便可以加强了解投资市场中出现的现象，以防止跌入一些心理陷阱及预早对这些陷阱做出反应。

投资心理学在美国愈来愈流行，这门学问是根据20世纪70年代两位以色列的心理学家Daniel Kahneman(卡利曼)及Amos Tversky(特维斯基)对研究人类在决策过程中犯过的错失，所发表的论文中发展起来，再经过经济学家迪克泰勒等的努力，逐渐发展出"行为经济学"，加强了投资者的心理研究。

相信投资者最感兴趣的，是从投资心理学的角度，自己经常会面对哪一些负面的心理因素 / 心理陷阱？

随波逐流

人最大的特点，是人乃群居的动物，所以人类的祖先才会从建立村落开始，到部落以至建立国家。所以无论古代人还是现代人，绝大多数人天生都喜欢别人认同 / 接受自己，而自己也倾向跟随大众的意见。例如日本这个如此先进的国家，每年便有不少的中小学生因为在学校中受到排斥而自寻短见。

这种合群及希望融入团体的心态，绝对是正常人的心理，但当反映到投资市场上，就会形成一个又一个的投机泡沫，并且连一些当代最著名及最令人敬仰的大人物，也只能随波逐流。以下是几个著名的例子：英国历史上最伟大的科学家 / 数学家 / 物理学家牛顿，就曾处身在英国历史上最大的投机泡沫——“南海公司”之中。他和无数英国当时的贵族、富翁、名流一样，忍不住把大额的资金投进这家打着英王御准招牌、声称能够独家从事南美洲贸易的公司上。

应当可以这样说，牛顿固然是“南海泡沫”的受害人，但同时他也有责任令到这个投机泡沫愈吹愈大，因为牛顿爵士及很多当代名人富豪的参与，更多的平民百姓或者投机客就更加疯狂，终于令“南海泡沫”发展到一发不可收拾的地步。

牛顿最终在金钱方面的损失，估计高达 50000 英镑，大家不要轻视 300 多年前的 50000 英镑，它的购买力远远超乎大家的想象。因为只要简单计算一下，在 1820 年，美国一所大学的全年经费总共只需 30000 美元，就算以今日的现价 1 英镑兑 2 美元计算，估计牛顿在南海泡沫中的损失，已足够支付两所以上的美国大学全年营运的经费。所以这位人类历史上伟大的物理学家 / 数学家，最后只能大叹：“我可以计算出天体运行的轨迹，却无法估计出人类的疯狂行为。”

后世人或者觉得当时的英国人真是太笨了，像“南海公司”这样的泡沫是无法理解的疯狂行为，但身处当代的人，却不会这样觉得。因为当时有太多人，而且是身份尊贵或社会有名的人都在做同样的事，无数的人就这样在不知不觉间跌进了随波逐流这个心理陷阱中。

近代一点的例子，可以看看 1929 年的美国。那时的股市开始了 20 世纪的第一个股市泡沫。当时每个投资者都陶醉在牛市三期中，那种股市仿佛只会无止境上升的幻想(多么像 2007 年的内地股市！)连当时最著名的经济学大师，耶鲁大学教授 Irving Fisher(费沙)也和普通大众一样，未能幸免。

尽管费沙为后世留下了《利率理论》等有着崇高学术地位的经济学论文，但世人会更加记得他曾经在美国股市大崩溃的前夕公开的宣布“现在的股价看来将进入永远的高原期”，也就是说他认为美国股市将永远维持在当时的天价水平。但十分讽刺的是，仅仅在几星期之后，便发生了 1929 年的美国大股灾。我们虽然无法知道费沙在这次股灾中的损失程度，但这件事到底都令费沙在后世留下了为人诟病的话柄。

再看一些大家都会记忆犹新、但又有切肤之痛的例子。1997 年上半年香港楼市热火朝天，吸引着数以千万计的投资者、炒家和用家蜂拥入市。当中炒家固然不在少数(所以有人愿意用 100 万元买入某楼盘的头号筹)。但更多的准买家们其实只是些随波逐流的小市民，他们只是受到周围的人或者媒体报道所感染，唯恐落后于人。于是人人蜂拥入市，他们看不到也不愿意看到有泡沫的形成，终于形成了香港有史以来最大的一个楼市泡沫。

同样地，在2000年的科网狂潮中，无数的本地散户，受到由美国吹来的科网股热潮所影响，于是也随波逐流，投资在那些所谓的新经济股份上，再加上有某些富豪后代、青年才俊的推波助澜，令散户以为就算是盈利欠佳的科技公司，股价的潜在升幅仍然能够高达10倍以上。于是无数的本地散户就这样一头栽进了科技股红潮中，无论是真的、还是假的科技股，同样可以狂升不止。例如像“8号仔”的前身盈科数码动力，股价就从起步点狂升了数十倍，到了泡沫爆破的时刻，“8号仔”的股价也就打回原形。

股市中经常出现这些看来疯狂又可笑，甚至是觉得不可思议的行为，但对于7年前的投资者来说，却是十分正常的投资。这些疯狂行为背后基本的成因，其实就是投资者的心理影响了他们的行为，并在不知不觉间令他们跌入随波逐流这个心理陷阱中。

恐惧

恐惧是另一个心理陷阱。我们可以再把它细分为“亏钱恐惧”、“赚钱恐惧”及“不被认同恐惧”。“亏钱恐惧”是指买入股票后股价下跌所带来那种害怕亏钱的压力。如果投资者买股票的钱是借来的，这种恐惧感就更为强烈。克服的方法，说起来其实十分简单，你只要用闲钱来买股票，就算不能够完全克服这种“亏钱恐惧”，也能大大地减少其影响。

另一种是所谓的“赚钱恐惧”。投资者的心理有时会十分矛盾，原来除了账面上亏损外，就算账面上获利，一样会给投资者带来恐惧。这种恐惧源于担心未赚到手的利润转眼间便会失去，于是大部分的投资者，很容易因为些微的升幅，便卖出股票，以求平仓获利，结果往往错过之后的巨大升幅。举个例子，无数散户都曾经买卖过中石油(0857)，但大多数人在 2 元买入，升到 3 元时就已经忍不住卖出获利。试问除了美国股神巴菲特之外，又有多少人能一直持有中石油达 5 年以上，并且让利润滚存超过 5 倍而不卖出获利？要克服这种“赚钱恐惧”，投资者可以利用分注投资法，方法是分开两注资金，一注是用做短线获利，另一注就长线持有优质的股票，并不断推高止盈位，直至股价出现明显转势为止。

最后一种是“不被认同恐惧”。具体的例子是大部分人都害怕被排斥，害怕自己标奇立异，特别在投资市场上，一般人都很难避免羊群的心理，因此跟红顶白的投资者多，人弃我取的投资者就极少了。

无论以上哪一种情况下的恐惧，都会令投资者跌入自己的心理陷阱里。

过度贪婪

贪婪是基本的人性弱点，但也可以说是投资者买股票的主要动力来源。投资者贪心是正常的，但问题是要避免过度的贪婪，才可安然避过熊市。

怎样才算是过度的贪婪？简单来说，就是当你买股票时，完全无视股价的合理性，不去理会市场随时见顶的风险，盲目地、甚至不问价地追入股票，这样你已经跌入过度贪婪的陷阱了。以上述的“南海泡沫”为例，这家公司的股价从 100 镑一直升到 1200 镑，无数人就在股价高至 1000 镑的时候不问价追入，就连伟大的牛顿也在不知不觉间跌入过度贪婪这个心理陷阱中。牛顿其实曾经在 400 镑左右卖出了“南海公司”的股票，但后来又忍不住在 600 镑附近再度入市，最终血本无归。

其实我在本书的每一章，都会给大家一个对于投资回报的追求。例如在本章一开始我提出如果你是一位48岁的投资者，你每年要寻求22%的投资回报才能达到5000万的致富目标。订下这个目标，你便可以提醒自己不要过度贪婪，也避免让自己变成一个过度贪婪的投资者。

追求刺激

大多数人内心都有一种寻求刺激的心理需求，所以在“行为经济学”中，有一个常见的现象，就是很多人都乐于寻求低概率/高回报的机会。六合彩、三T等便是生活上的例子，有些人更是每期六合彩都必定买，并很有耐性地买足二三十年之久，当每次马会推出“金多宝”就必定引来全城轰动，并带来千万元甚至亿元计的投注金额。

另外一个例子是大型的豪华赌场。在澳门及至东南亚都愈开愈多，而且愈来愈受游客和赌客的欢迎，连新加坡如此先进的城市都放下身段，开放赌权，吸引来自四方的豪客。

除了博彩之外，就算是老幼咸宜的游乐场，例如世界各地的迪斯尼乐园，都是刺激的电子游戏。例如“太空山”或者“驰车天地”比较受游客欢迎。

回看本地的股票市场，具体的例子可以轻易在认股证(窝轮)市场找到。认股证等高风险的衍生金融工具一直在本地市场十分活跃，众多散户虽然知道炒卖认股证的风险极高，但仍然乐此不疲，为的就是追求那种动辄狂升 50%，甚至几倍的刺激。至于期货指数这种“零和游戏”，每天仍然有大批专业投资者 / 即日对冲客 / 赌徒，甘愿冒着被追收保证金或被斩仓的风险，也是为了追求高杠杆投资带来的刺激。

当投资者这种爱追求刺激的心理反应到投资行为上，他们会放弃盈利稳定年年增长 10%以上的大蓝筹，而甘愿冒险追入一些盈利前景未明、徒有概念的“神仙股”。这种奇怪的投资行为，其实就是源于追求刺激这个心理陷阱。

人类的记忆陷阱

大多数人的心理是希望对于以往那些不快乐、痛苦的记忆尽快忘记，但对于一些快乐或光荣的经历就会经常回味。所以当投资者买入一只股票，一旦在短时间内下跌，他就会变得十分缺乏耐性，一心只想尽快把股票脱手，以求尽快忘记这些不快乐的经历。在这个决定买卖的过程中，由于投资者被自己的心理因素所影响，他因此无法冷静地思考手上股票下跌的原因，也无法看清楚自己那只股票是否仍然值得持有。这种心理上的现象，在学术上被称为“短线损失厌恶”(Myopic Loss Aversion)，所以很多投资者就算手上持有的是极优质的股票，都会因为某次短线的股价急跌而草率卖出。

回看本书第二章中提到的走势陷阱及大户的“震仓伎俩”，其实都是因为投资者这种心理上的陷阱，大户才能轻易得逞。

5.4 如何征服你的敌人

孔子说：“四十不惑。”既然大多数的投资者都要面对种种心理的陷阱，你作为 48 岁的投资者，应该比 20 多岁，甚至 30 来岁的青年人更加了解自己的心理弱点，也更有能力去克服这些陷阱。以下是一些简单的“行为治疗”，可以帮助你克服心理上的陷阱，最终对提升投资回报率大有帮助。

这些投资学上的“行为治疗”就是教你要去做或

不去做一些行为，从而克服心理陷阱：

避开群众

当股票市场气氛热闹时，你公司里的同事、身边的朋友都会热切地讨论。例如在 2007 年 1 月初的情景，你身边的人大赞五行三保的中国人寿(2628)、工行(1398)、交通银行(3328)等企业的前景如何秀丽，就算 P/E 高至 40～70 倍亦不算贵，反而物有所值。如果你当时加入讨论，而你刚好手头上只是持有汇丰(0005)或者宏利(0945)等传统金融类的股票，你难免会感到焦虑及后悔，为什么没有早早加入中资金融股的热潮？于是你不顾一切，在 2007 年的 1 月 8 日，正是中国人寿 A 股上市前的一日，以 28 元买入中国人寿的 H 股，因为你预期中国人寿 A 股会升至 40 元，而 H 股就会升至 32 元。

结果到了 3 月初，中国人寿的 H 股要跌至 18 元的水平才找到支撑。

所以第一个“投资行为治疗”，就是当市场群众热捧某类股票时，避开群众，走得愈远愈好，在僻静处坚守自己的投资立场。

忘记过去

投资上的“行为治疗”包括忘记股价过去的好表现，因为买股票是买前景，不是买历史。

某只股票在过去几年有令人激动的良好表现，不代表在未来可以有同样的升幅，就算是股王汇丰，几十年来盈利及股价增长速度最快的时候，其实只集中在 1990～1997 年，还不足 10 年的时间。即使这样，已经是十分了不起的一代股王。

但如果你到了 2004 年，仍然只记得汇丰在 20 世纪 90 年代的股价好表现，于是买入并一直持有汇丰，恐怕你就要重复上述在 2007 年 1 月 8 日买入中国人寿的类似情形了。

接受沉闷

最后的一种“行为治疗”是要接受买入优质好股票，然后长期持有的沉闷投资行为。你要记着，这里所讲的优质好股票，和上述第二点是一致的。就是说你买入的股票，是需要有良好的增长前景，并不是因为股票的过去良好表现。

所以有人说，股神巴菲特的旗舰企业 Berkshire Hathaway(巴郡)是世上最沉闷的股票之一。但对于巴郡的股东来说，一直持有巴郡就是世上最快乐、最赚钱的事，无论投资过程是多么的沉闷！

买卖记录

“行为治疗”其实可以十分简单，除了上文所述的方法外，你亦需要详细地把买卖记录表列出来，并要加入注脚，填上亏钱的理由，而且要把这些亏损的理由分类。很快你便可以找到这些亏损理由出现的次数，当你找到最经常出现亏钱的理由，你就要采取行动去改变或戒除导致你投资损失的行为。

总结：当你明白心理学如何应用在投资的范围时，又能明白投资者常见的心理陷阱，并且能够克服这些陷阱，你又昂然向 5000 万的目标迈进了一大步。

第 6 章

你 58 岁后要学懂的投资方法

“对冲基金经理是全球经济的强盗。”

——马来西亚前总理马哈蒂尔

6.1 投资者在 58 岁采取的两个策略

58 岁，距离 65 岁的退休年龄只剩下 7 年。

很多人到了 58 岁已经打算或者被迫退休了，还有什么投资的方法，可以达到 5000 万的目标？你不需要太过灰心，因为在 7 年内赚进 5000 万仍然是有理论上可行的方法，先看以下的策略：

策略 1

(1) 首先，你需要准备 8400000 元作为本金。

(2) 每年的投资回报，平均要达到 25%。

(3) 投资年期需要 7 年。

由于距离 65 岁的退休年龄只剩下 7 年，利用这 7 年作为投资的年期，复式增长的空间大大减少，所以使用这个策略，你需要投入的本金多达 8400000 元，远多于 48 岁时的 1400000 元。

本策略对每年平均回报率的要求，也提高至 25%。策略 1 的好处，是在 7 年之间，你并不需要额外再投入任何资金，你需要的仍然只是用 8400000 元去不断增值，达成你 5000 万的目标。

而你的 8400000 元资金，经过 7 年后，到了你 65 岁的时候，这笔资金就会变成 50067902 元，总回报是 5.96 倍。

你也可以考虑以下的另一个策略：

策略 2

(1) 同样地，你需要在 58 岁的时候，投入 8400000 元作为首期本金。

(2) 每年的投资回报，要达到平均每年 22.3%。

(3) 从第二年起，每年额外投入 500000 元。

(4) 投资年期是 7 年。

你的 8400000 元首期资金及每年额外投入的 500000 元，同样经过了 7 年的复利滚存，连本带利就变成 50522750 元。

采用了策略 2，在 7 年内你总共投放了 11900000 元的资金，投资的总增值连本金在内增长了 4.25 倍。

这两个策略的投资年期一样，但如果选用策略 2 你需要在 7 年期间，额外投入多达 3500000 元的资金。

在这个策略 2，你仍然可以应用“平均成本买入法”去提高组合的整体回报。所以理论上，使用策略 2 的成功几率仍然会比策略 1 高！

问题的关键是：怎样才能达到每年平均回报率 22.3%或者 25%？

6.2 你能跑赢全球的基金吗

首先假设你是一位投资经验丰富的股场老兵，前几章提及的各种投资方法包括基本分析、技术分析、价值投资法，甚至投资心理学都能运用自如，并有信心在 7 年内每年达到 22.3%～25%的投资回报。就算如此投资老手都仍然有一个无法破解的死穴。

这个投资者的死穴，就是他们的投资组合，由于资金或者自己的时间及信息所限，往往都只能集中在单一的市场或者单一的地区；加上很多新兴市场会限制外国资金的流动，所以对个人投资者不利。

大家应该记忆犹新香港的经济在 2001～2003 年期间犹如一潭死水，投资者在这段时间如果集中投资在港股，除非你在大多数时间造淡，否则回报难免偏低，甚至是负回报。但反观韩国的股市，却因为金融改革的成功，加上韩国人本身的努力，令韩国经济能绝地重生，韩股自然能够有骄人的升幅。投资者在那几年如果把资金押注在韩国的股市，所得到的回报自然能轻易地跑赢投资在港股的基金。

表 6.1 总结了从 1980～1999 年近 20 年来，股市表现最佳的国家和地区：

表 6.1　1980～1999 年股市表现最佳的国家和地区

年份	最佳表现地区
1980～1984	美国小型股
1985～1989	日本
1990～1994	泛太平洋国家股票
1995～1999	美国大型股

大家可以看到，在上述的 20 年当中，股市表现最佳的国家和地区，除了美国之外都没有重复。也就是说，如果投资者把所有的资金都全数集中投进某一个国家，而当投资期又长达 10 多年，那么在股市赚取的回报，就难免受制于那个国家的经济周期了。这种情况，相信 20 世纪 90 年代初开始投资在日本股市的投资者，在经历过 16 年漫长的经济衰退期后，一定会有深切的体会。

全球经济虽然愈来愈一体化，但不同的国家之间仍然有不同的经济周期，投资者如果能够准确地把资金集中起来，把握最适当的时机，全部投放到未来升幅预计会最强劲的地区，投资组合的回报自然可以提升。但如何才能够达到这个境界？

对传统型基金的基金经理来说已经很难，对小投资者来说，就更是难比登天。因为传统型的基金通常会按地区，或者按行业分类，传统基金虽然也有采用混合式策略。例如投资股票加债券，也一般可以买卖全球性的股票 / 债券，但就无法做到：①资金集中；②把握最适当时机；③全部投放；这三部曲。这是因为传统型基金一般会严格限制对单一股票甚至个别行业的持股比例。

不过，对冲基金就能够做到以上的三个步骤。

6.3 对冲基金的特点

对冲基金近年在投资市场是臭名昭著的名词，几乎所有金融市场的大波动，新闻媒体都认为是“对冲基金”在兴波作浪。

对冲基金一词，大多数人认为是来自 Alfred Winslow Jones(琼斯)所主理的基金。这只基金在 1960 年的美国本来是默默无闻的，但自从 1966 年《财富》(Fortune)一篇题为“无人及得上的琼斯”(The Jones Nobody Keeps Up with)的报道刊登后，琼斯及他主理的基金、他所使用的策略及带来的回报，便震动了整个华尔街。琼斯及他的基金大出风头之余，也引发大量新基金成立，并尝试模仿琼斯所采用的投资策略。这些策略包括：股票融资、卖空及大额的表现奖金等，形成了首个“对冲基金”的热潮。

但为什么对冲基金可以如此灵活？又可以有如此多变的投资策略？主要原因是对冲基金下列的几个特点：

私募性质

不少对冲基金都是私募的，就是说基金不会做公开认购。此外，如果基金在美国境内注册的话，多数都会采用有限合伙人制。私募基金最大的特点是不需要当地任何监管机构，例如美国的证券交易委员会(Securities and Exchange Commission SEC)，做公开注册登记。

在 2007 年，香港证监会也简化了对冲基金来港开业的发牌程序，对于那些已经在欧美市场获发牌监管并注册为投资经理 / 顾问，也有良好的守规纪录的对冲基金，可以受惠较快的发牌程序。香港证监会这样做，就是为了吸引更多大型的对冲基金来港，也反映对冲基金在全世界的影响力和吸引力都正在与日俱增。

由于是私募的性质，一些较著名的对冲基金对于接受投资者的新认购，就必须订立很高的门槛，才能确保可以募集到足够的资金。所以投资对冲基金，认购者动要准备 10 万甚至百万美元才能被接纳。

表现费

除了每年的管理费外，对冲基金通常会另外收取表现费，又被称为“附带利益”(Carried Interest)。简单地说，基金经理会按每年或每季的投资回报，从投资者身上收取某个百分比(通常是 20%)的实现利润作为奖赏。

基金经理

很多对冲基金的经理会把自己本身、家人，甚至朋友的资金用来成立基金管理公司，所以这些对冲基金的经理，均十分重视投资的“绝对回报”。

另外，对冲基金不需要太多的销售及推广手法，因为基金经理已经投放了大量自己的资金到基金内，所以有足够的动机去追求绝对高回报。而事实上，对冲基金的回报也多数比传统基金来得高。当然，投资者也要面对更大的亏损风险。

6.4 对冲基金的策略

简单介绍了对冲基金的几个特点，请允许我引用一句老掉牙的《孙子兵法》格言：“知己知彼，百战不殆。”我们想和市场大鳄一决胜负，就先要认识这些对冲基金的策略。常见的对冲策略多数会有下列特点：

高杠杆

散户实用性：★☆☆☆☆

对冲基金一般会利用极高的借贷(高杠杆)去进行经计算后认为是风险极低的交易。另外，对冲基金的借贷成本比一般小投资者要低得多，所以就算进行那些看起来只有微利的交易，只要透过 10 倍甚至 20 倍的高杠杆放大效应，利润依然可以十分可观。

散户虽然能利用放大投资金额，但一般只能借到股票市值的 6～7 成，与对冲基金动辄可以动用 10 倍或者 20 倍的杠杆威力相差甚远，所以对散户的实用性只有一颗星。

卖空

散户实用性：★★★★☆

对冲基金可以向其他退休基金或金融机构，包括银行、保险公司或大型经纪行借来股票然后在市场卖空。这些对冲基金的卖空行动，除了要支付利息外，也需要提供一些抵押品，例如美国国库券。

当对冲基金卖空股票后，如果股价随后下跌，它们便可以在低位买回，赚取中间的差价。

在本地市场，只要支付利息及较高的经纪费用，散户也可以委托经纪行替他借货卖空，所以对散户的实用性是 4 颗星。

套利(Arbitrage)

散户实用性：★★☆☆☆

当投资者监视某些属于相同类型、相同行业而规模又接近的股票时，会发现它们的股价往往存在某些关联系数，当它们的股价因为一些突发事件而大幅偏离这些系数时，对冲基金经理就可以执行不同的策略。例如同时买卖两家公司不同数量的股票，以求赚取当股价关联系数回复正常后的差额。

另外一种套利，就是在不同的市场买卖同一只股票。早阵子比较明显的例子是宏利金融(港交所股份编号 0945，美国纽约交易所编号 MFC)因为中期业绩远胜预期，其在港上市股票的股价，就曾经在 2006 年 11 月期间，比美国纽约交易所的成交价有逾 10%的正差价。所以，理论上投资者可以在美国纽约交易所买入 MFC，然后在香港出售，以赚取中间的差价。但这种套利的机会，只会在一段短时间内出现。

由于套利仍然有一定的交易成本例如经纪佣金、外汇兑换等手续费，而且散户的套利成本一定比机构投资者高。简单来说，对机构投资者有利可图的套利，散户就可能只有羡慕的份儿，所以套利对散户的实用性其实不太高，只有 2 颗星。

对冲(Hedge)

散户实用性：★★★★★

对冲基金会利用期货市场，例如期指或者衍生工具，包括认股证去对冲手上的证券现货。所谓的对冲，是在保留手上持货的前提下，利用金融工具去冲销股价下跌的风险，例如整体股市偏高、利率或汇率变化的风险。

所有成熟的金融市场，都会提供足够的金融工具 / 产品及足够的流通性去执行对冲的策略，不论是大型的机构投资者，或者散户都不会例外。所以对于散户的实用性高达 5 颗星。

6.5 对冲基金的获利方法

明白了对冲基金的共同特点，它们又有什么必杀的获利方法？以下是几种比较常见、而小投资者又较容易明白的策略。如果你自认是投资老手，可能也曾经使用过类似的策略：

定息工具套利(Fixed Income Arbitrage)

散户实用性：★☆☆☆☆

当一些定息工具(例如美国国库券)和相关的衍生产品出现微小的价格扭曲时，对冲基金便会把握市场纠正这些价格扭曲的过程，以求获利。但由于这些价格扭曲的数值通常很小，所以对冲基金往往要利用高杠杆去把获利放大 10 倍或 20 倍，以满足回报的要求。

所谓的价格扭曲是怎样形成呢？

定息工具和它们相关的衍生产品，无论在历史价格或者财务学的定价模型中，投资者都可以找到某种关系的存在。如果对冲基金经理相信这种关系改变，又称为价格扭曲，只是暂时性的，这种价格扭曲便造就了对冲基金的获利机会。

在美国比较常见的定息工具套利是 TED(Treasury-to-Eurodollar)。美国国库券是美国政府发行的债券，一向被视为零欠债风险(risk-free)的金融工具。至于 Eurodollar 是欧洲的银行为了吸纳美元存款而提供的票据／债券，孳息率一般较美国国库券更高。当金融市场较为动荡时，如果 Eurodollar 孳息率上升，代表资金从欧洲回流美国，

对冲基金经理如果判断这种孳息率上升是短期现象，就会买入被低估的 Eurodollar 债券，然后卖空美国国库券，等待市场纠正这种价格的扭曲而从中获利。问题是，一般散户未必能掌握定息工具的定价模型，并且未必有能力及相关的金融知识不断为定价模型做出更新；而且定息工具套利的利润微薄，往往要配合极高(10 倍以上)的财务杠杆才能满足基金的胃口，个人投资者实在难以模仿，所以对散户的实用性只有 1 颗星。

股票市场中性(Equity Market – Neutral)

散户实用性：★★☆☆☆

对冲基金经理会运用统计学及计量经济学(Econometrics)分析大量的公司财务数据，然后设计出一个风险中立的投资组合，再经过复杂的运算后，买入预期比整体市场表现较佳的股票，再卖出那些市场表现

较差的股票，以达到把投资组合的整体风险保持在中性的目标。

宏观投资(Marco–investing)

散户实用性：★☆☆☆☆

当我们说某对冲基金经理正采用宏观投资策略，其实就是说这只对冲基金正分别在外汇、股票及期货市场从几路进攻某一地区或国家的经济。由于这些地区的资产及币值都正处于过高、甚至泡沫的水平，所以对冲基金经理便能看到获利的机会。

而更令好友及当地政府丧胆的是，这些对冲基金通常会引来大量的跟风投机者，令泡沫急速地爆破，所以杀伤力非常巨大，足以拖垮一地的经济。

不必我多讲，能够成功地采用宏观投资策略，又能够号召众多对冲基金站在同一阵线的基金经理，必定是金融界顶尖的大人物，其中量子基金的索罗斯便是一例。

宏观投资策略的威力有多大？最经典又令人毕生难忘的例子，可以说是 1997～1998 年的亚洲金融风暴。当时的亚洲各国央行在对冲基金的宏观投资策略冲击下，有如骨牌般逐一倒下，也令亚洲各国的经济发展一下子大幅倒退了 10 年。

新崛起市场(Emerging Markets)

散户实用性：★☆☆☆☆

新崛起市场的信息不发达、市场效率差，又缺乏基本的金融设施。例如能够和国际接轨的会计准则、交易及金融信息等。

对冲基金便靠这种市场的低效率，迅速找出被市场低估的资产，然后静静吸纳以求在高价卖出图利。对冲基金经理之所以能够把握新崛起市场的机会，原因有几个：

(a)早与当地政府及业界建立密切关系。

(b)着重公司的基础分析，以确保所买入的股票都是物超所值的。

(c)只买卖特定的行业/产业，目的是集中研究资源，以求充分掌握行业特性，增加胜算。

卖空(Short-selling)

散户实用性：★★★☆☆

卖空，是大部分对冲基金常用的策略。但大家要分清楚，常用不代表长期使用，因为卖空有一个致命的弱点：风险无限。

由于任何的有价证券，最多是跌至零的价格，但价格的上升空间，就可以是无止境的(理论上)，所以绝少对冲基金会长期卖空某市场/公司的股票。

但对冲基金仍然经常采用卖空的策略，原因之一是卖空者在低位补回证券后，除了在一买一卖之间赚取差额外，还可以赚取差额的利息。

对冲基金首先提供抵押品，再从其他退休基金或金融机构，包括银行或保险公司借入大量的某只股票，之后大力唱淡/造淡，力求令股价下跌后，再低价补回，然后再还给借货人，就能够赚取中间的差价。

卖空的获利方法十分简单明了，对散户的实用性甚高，有3颗星。

从上文可见，对冲基金的策略远比一般投资者多及复杂，如果你已经拥有8400000元的流动资金，而又希望赚取5000万，你除了要认识这些对冲基金的策略外，你也可以尝试效法以上的对冲基金策略，真正做到与市场大鳄共舞！

但做出这个决定之前，你务必要确保自己能够承担有关的风险及严格遵守下列几个要点：

(1) 小心控制风险，务必严格执行止损。

(2) 充分了解这些策略的运作。

(3) 任何亏损应只占资产的一小部分。

(4) 投资者本身有丰富的投资经验。

第7章

终生受用的投资忠告

“世界上没什么完美的东西，玫瑰花再好却长着尖刺。”

——德国诗人海涅

7.1 再论“轻松投资”

庄子大宗师有言：“乎道，有情有信，无为无形，可传而不可受，可得而不可见。”

投资的方法，一如以上引用庄子所言，是五花八门，甚至各师各法。所以也可以说是“无常势，无定型”，但我选择的是一条轻松的投资之路。

到了本书的尾声，我希望读者们对“轻松投资”及“尽早开始投资”这两个一直贯穿全书的重要投资概念，有深刻及清晰的理解。

书中所提到的投资技巧，只要你能充分及熟练地掌握，你便大有条件向 5000 万进发，但你也必须能抓紧“轻松投资”及“尽早开始投资”这两个宗旨。

允许我再解释一下什么是“轻松投资”。我绝对不是叫大家放弃分析股票，或者单凭感觉去投资。我认为投资之所以能够变得轻松，最重要的原因是要令到投资组合每年都赚钱，只要有足够长的时间去让利润复式滚存，那么累积的总回报就会变得十分惊人。所以基本上你不需要奢求每年的投资回报达到 30%～

50%。轻松是指每年的回报增长率，不需要 50%、100% 或者 200%。

表 7-1　Berkshire　Hathaway 历年回报

年份	年回报率(%)
1965	23.8
1966	20.3
1967	11.0
1968	19.0
1969	16.2
1970	12.0
1971	16.4
1972	21.7
1973	4.7
1974	5.5
1975	21.9
1976	59.3
1977	31.9
1978	40.0
1979	32.3
1980	19.3
1981	31.4
1982	40.0
1983	32.3
1984	13.6
1985	48.2
1986	26.1
1987	19.5
1988	20.1
1989	44.4
1990	7.4
1991	39.6
1992	20.3
平均值	24.94

我们可以见到，就算是巴菲特这位美国股神，在他这段 30 年的漫长投资生涯中，原来只有区区一年的投资回报是超过 50%！我相信很多认股证的炒家对 50%的利润都会嗤之以鼻，因为他们认为自己每天“炒轮”(炒认股证)的上下波幅都不止 50%。

股神最厉害的地方不是他每年赚了多少，而是在 30 年来，他总共赚了多少。回顾过往几十年的历史，他能够在如此漫长的投资生涯中每年都能赚钱，而且中间经历过越战、中东石油危机、两伊战争、1987 年股灾及波斯湾战争等世界大事冲击着股市 / 汇市 / 债市 / 金市，并带来翻天覆地的波动。

“轻松投资”的概念，就是我们不需要奢求每年 30%、50%，甚至 100%的投资回报，我们只需努力并达致每年 20%、甚至百分之十几的投资回报，只要持之以恒，几十年后这些投资就会成为一笔你想不到的大钱。

另外一个我经常提到的重要概念，是“投资要尽早开始”。就算是只有 10 多岁的求学少年，只要明白买卖股票所涉及的风险，并绝对不要借钱投资；正如我在第一章所说，年轻人的投资优势比成年人更高，因为他在资金的需求，或者所需要达到的投资回报率，都会大大降低。

各位读者可以参考下面的列表，就会明白“投资要尽早开始”这个概念的重要性。

因为每迟 10 年，你就需要在未来以倍数计地加入投入的资金额度：

表 7-2　投资年龄与投资回报

年龄	首次需要投入的资金	与 18 岁时相比增幅
18	12000	n/a
28	80000	6.67
38	270000	22.50
48	1400000	116.67
58	8400000	700.00

明白了本书多次强调的两个重要概念后，我有以下三个忠告，送给我的读者，无论你是 18 岁的年轻人，或者已经是 58 岁的资深投资者。

7.2 三个忠告

留心通胀

第一个忠告：当大家计算投资回报时，一定要注意通胀，因为通胀会蚕蚀现金在将来的购买力，而且对于愈年轻的投资者，通胀的影响就愈大。本来对年轻投资者来说，时间是投资上最好的朋友，但如果我们把通胀也考虑进去，情况就有变了。假设在往后的几十年，每年的平均通胀如果不幸地高达 5%，对于 18 岁的年轻投资者来说，经过了漫长的 47 年，他的 5000 万“巨款”，其购买力其实已经大幅下降到只有 6465679 元!!

所以我在本书中提到的要求回报率，其实所指的是绝对回报率(Absolute Returns)，不是名义回报率(Nominal Returns)。

世上并无完美的投资方法

在本书中曾经提及过的股票分析方法，各位读者可以选择专攻一门，以求尽得其奥义，甚至成一家之言。但我的第二个忠告是：任何股票的分析方法都有局限性。

例如运用技术分析时，经常碰到走势陷阱；完全忽略技术分析，只用基本分析，涉及的范围又太过大，用做分析的数据又可能有误导性。至于价值投资法，又未必有太多人能够真正掌握，原因是资源上的不足、经验上的不同，甚至何谓企业的真正价值也是人言人殊，就算是一脉相承的巴菲特和格雷厄姆两位大师，所说的“企业价值”也不尽相同。

所以投资者最好在刚开始投资时，能够做到兼收并蓄，重各家所长，找到最适合自己的套利方法。

稳定及足够的现金流

另外我想提醒读者们关于现金流的问题。

任何的投资计划，都最好有稳定的现金流去支持，就是说业余的投资者最好有正职的固定收入，并且肯定这些收入足够日常的开支，余下的钱才用来投资。就算你打算以投机炒卖为生，也必须养成把投资的钱和日常开支用的钱分开，做到井水不犯河水。

对于某些赌性极强的投机客来说，他们无时无刻都想把所有的钱用来买股票。例如支薪后，他们便会马上把大部分甚至全部薪水投入股市。他们原先的目的可能只是为了短炒，以博取3%～5%的微利，但世事往往就是事与愿违，这些投机客多数都要止损收场，由于经常要止损，他们的投资回报便大大受到影响。

如果你也经常需要卖出股票以应付日常开支的情况，那么你的投资方法或者投资组合也极可能出现了问题，有必要重新审视一下。

所以各位读者，务必牢记我的第三个忠告："维持足够的现金流"。

7.3 生存之道

最后我想强调，在投资市场，最重要的是如何长久地生存。

在这里借用商品交易商拉瑞·威廉斯(Larry Williams)的十大生存之道，作为全书的总结。

威廉斯是何许人也？原来他当年在"罗宾斯世界杯交易大赛"曾经以 10000 美元开始，在短短的 12 个月内，获利逾 100 万元，至今仍然是一个纪录，甚至堪称前无古人的创举。

威廉斯的十大交易生存之道，包括：

(1)生存才是关键：投资者最重要的关键是要自律及把资产管理得当，以求在市场中长期生存。

(2)控制情绪：恐惧和贪婪永远是投资者死敌，所以切勿贪得无厌，也切勿因为恐惧，而在低位抛售股票。

(3)适当的冒险：敢于在低位吸纳股票，才能成为赢家，敢于趁低买入才能成为赢家。

(4)管理资产：威廉斯多次强调他的彪炳战绩，并非由于他有高超的交易投巧，而是他非常积极地进行优质资产管理，并避免过度投机。

(5)永不要孤注一掷：20世纪初的投机王杰西•利弗莫尔(Jesse Livermore)之所以失败，威廉斯认为是他犯了致命的错误——孤注一掷，并“押下了令人汗颜的大注码”，终于在投资市场上一败涂地。

(6)小注赚大钱：威廉斯认为赚大钱不一定用大注，所以他永远只利用小部分资金做交易，宁愿选择小注而频密的交易，以确保即使交易失败，仍然有东山再起的机会。

(7)要有长期作战的准备：“上帝会误时 但不会拒人于千里之外”，他不知道自己会在哪一年赚大钱，可能是新手上路的第一年，也可能是退休前的一年，所以一定要有长期作战的准备。

(8)不要过分自信：永远不要主观地认为自己的交易一定是在正确的一方，避免不切实际的愿景。

(9)财富来自专注：只把注意力集中在自己最有把握的市场及交易技巧上，因为短线交易，每次都只能赚取蝇头小利，所以重视任何细节、专注细节便成为成败的关键。

(10)当面临失败，重新返回第一条短线交易生存之道：生存才是关键。

谨祝大家能早日达成 5000 万的目标！